OMUSUBI

大人の
おむすび
学習帳

文：おむすび
インストラクター
たにりり

絵：ツキシロクミ

もくじ

登場人物の紹介

◆ゆきち お米屋さん。「おむすびのすすめ」を書いた。シロと暮らしていたが、天国へ旅立つ。

◆シロ ネコムラ県に住むネコ。ゆきちと暮らしていたが、ひとりぼっちに。おむすびが大好き。

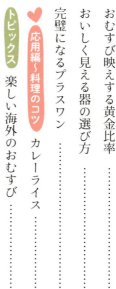

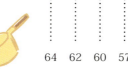

すべては「おむすびのすすめ」から始まった

なにが書いてあるニャ？
生まれながらにして料理の上手下手の別なし。ただ
ばーん!!
おむすびを学ぶか学ばないか、だ
ペラッ
！
どういう意味ニャ？
でも…ゆきちじいちゃんがいうんだから
きっといいことにちがいない
よんでみよう
ぷちゃ〜!
みんなとよめる！うれし〜!!

もんだい

☑ ✕お米を研ぐ→〇お米を＿＿＿＿＿

☑ ✕炊飯器は白米モードで炊く→〇＿＿＿＿で炊く

☑ ✕おむすびはラップで包む→〇＿＿＿＿＿で包む

☑ ✕おむすびは太る→〇＿＿＿＿＿＿＿に最適！

☑ ✕おむすびに合うのはお茶か味噌汁だけ

→〇おむすびは＿＿＿＿＿＿＿＿にも合う！

全ての**こたえ**がこの本の中にあります。

第1章

自分にあう お米をさがせ！

お米は「野菜」です

お米を正しく買う・保存する

小さいときから当たり前のように毎日食べているお米。それなのに、お米のことはあまり知らないと思いませんか。お米は実は**生鮮食品**です。正しく扱うかどうかで、味が大きく変わります。ご飯がおいしくなると、あなたのおむすびも毎日のごはんも、もっとおいしくなりますよ！

名称	精米		
原料玄米	産地	品種	産年
	単一原料米 ネコムラ県　コシヒカリ　2019年産		
内容量	5Kg		
精米年月日	2019.09.01		
販売者	ねこねこ精米店 〇〇県〇〇市〇〇町　〇〇-〇〇 電話番号　〇〇〇(〇〇〇)〇〇〇〇		

①②（原料玄米）　③（精米年月日）

（米袋の表示）

米袋の裏に
表示があります

★買うときの大事ポイント

① どこで作られた？
② なんという品種？
③ 新鮮？

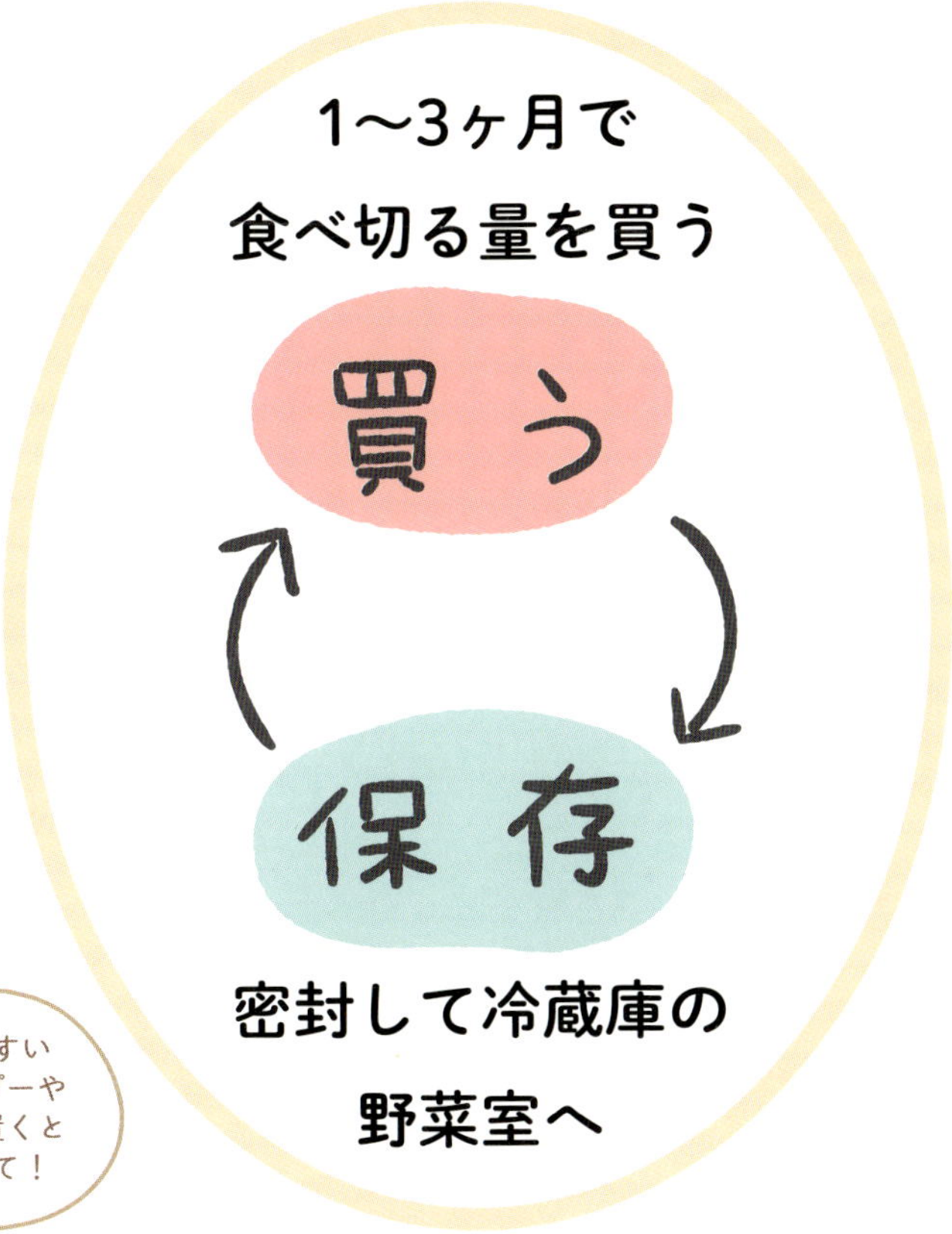
1〜3ヶ月で
食べ切る量を買う
買う
保存
密封して冷蔵庫の
野菜室へ

大切！
臭いを吸いやすいから、シャンプーや洗剤の近くに置くとダメなんだって！

★保存のだめポイント

×米袋のまま

×ガス台やシンクの下で保管

×大袋でまとめ買い

野菜室はどこにゃ？

質問コーナー

ゆきちじいちゃんの本を見ながら、シロがお答えします。

Q お米は腐らないのに生鮮食品なのですか？

A たしかに生のお米が腐ったという話は聞いたことがないですよね。でもカビが生えることがあるんです！ それと精米したお米は酸化しやすいんです。買ってからどんどん味が落ちます。だから、お米はお野菜と同じだと思ってくれると嬉しいです。

Q 新米って新鮮なお米のことですよね？

A 残念、間違いです。

新米とは、**収穫した年の12月31日までに精米して袋詰めしたお米**です（食品表示法）。テストに出るかもしれないので、覚えておいた方がいいです。

Q 古いお米は食べられないのですか？

A ええと、一応食べられます。

が、普通に炊くとたぶん、ぬか臭かったりパサパサしたりして、おいしくありません。でも、パエリヤやリゾットとか、炊き込みピラフにはちょうどいいかも。新しいうちに食べてほしいけれど、もし古くなっても捨てないでね！

米トレーサビリティ法

お米やおせんべい、お弁当などを買う際に、お米の産地表示が必ずあることにお気づきですか？ これは米トレーサビリティ法に基づき、表示が義務化されているのです。国産米の場合は「国内産」「国産」または都道府県名や地名、外国産の場合は「国名」を記載することになっています。産地情報が記載されているウェブサイトのURLや、問い合わせ電話番号の場合もあります。飲食店もメニューか店内に同様の表示が必ずあるので、見てくださいね。

おいしいお米ってなに？

ここまででお米の正しい買い方と保存の仕方は完璧です。さて、おいしいおむすびを作るためには、おいしい材料、つまりお米が必要ですよね。

では、**おいしいお米とは何でしょう？**

残念ながら、答えはありません。なぜなら、人によっておいしいと思う基準が違うからです。日本人にとってお米は主食、小さいときから食べているものです。それだけに、好きなお米の味は個人差が大きいのです。

つまり

「おいしいお米」とは、あなたの好きな味のお米、ということなのです。

では、どんなお米が自分の好みなのか？

それは食べてみないことにはわからない。

たしかにそうなのですが、片っ端から食べてみるというわけにもいきませんよね。

というのも、日本のお米の品種数は国に登録してあるものだけでも**９００品種**（２０１９年3月31日時点）、そのうち**主食用は２９０品種**もあるのですから。

そこで、２つの見つけ方をご紹介しましょう。

好みのお米をさがす2つの方法

お米の味から見つける

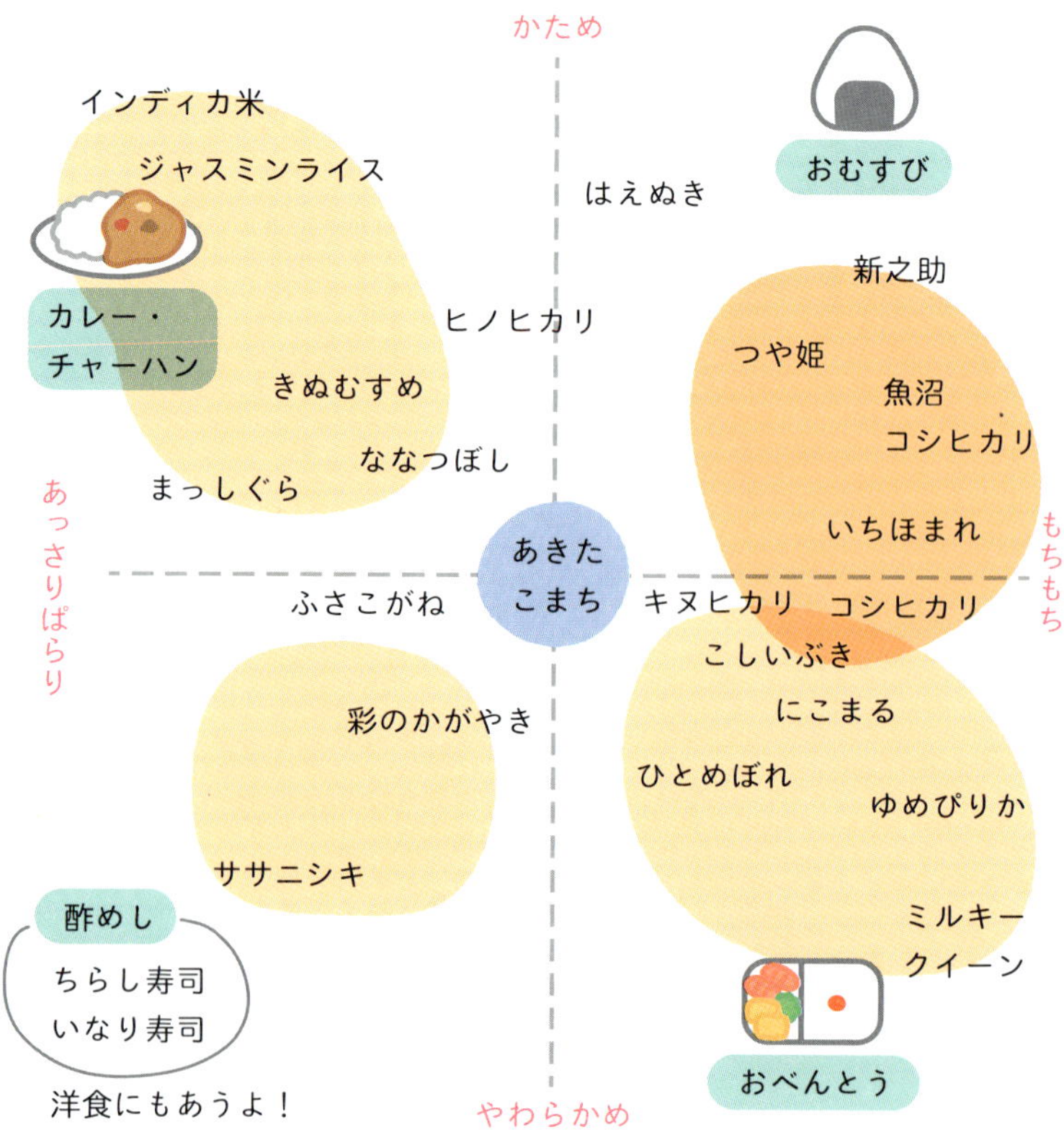

上の図は目安です。

同じ品種でも、産地や生産者によって味が変わってきます。また、収穫した年（産年）によっても異なります。

自分で食べ比べて、図を作ってみてもおもしろいですよ。その場合は、いつも食べているお米を、中央（上図のあきたこまち）にするとわかりやすいです。

産地から見つける

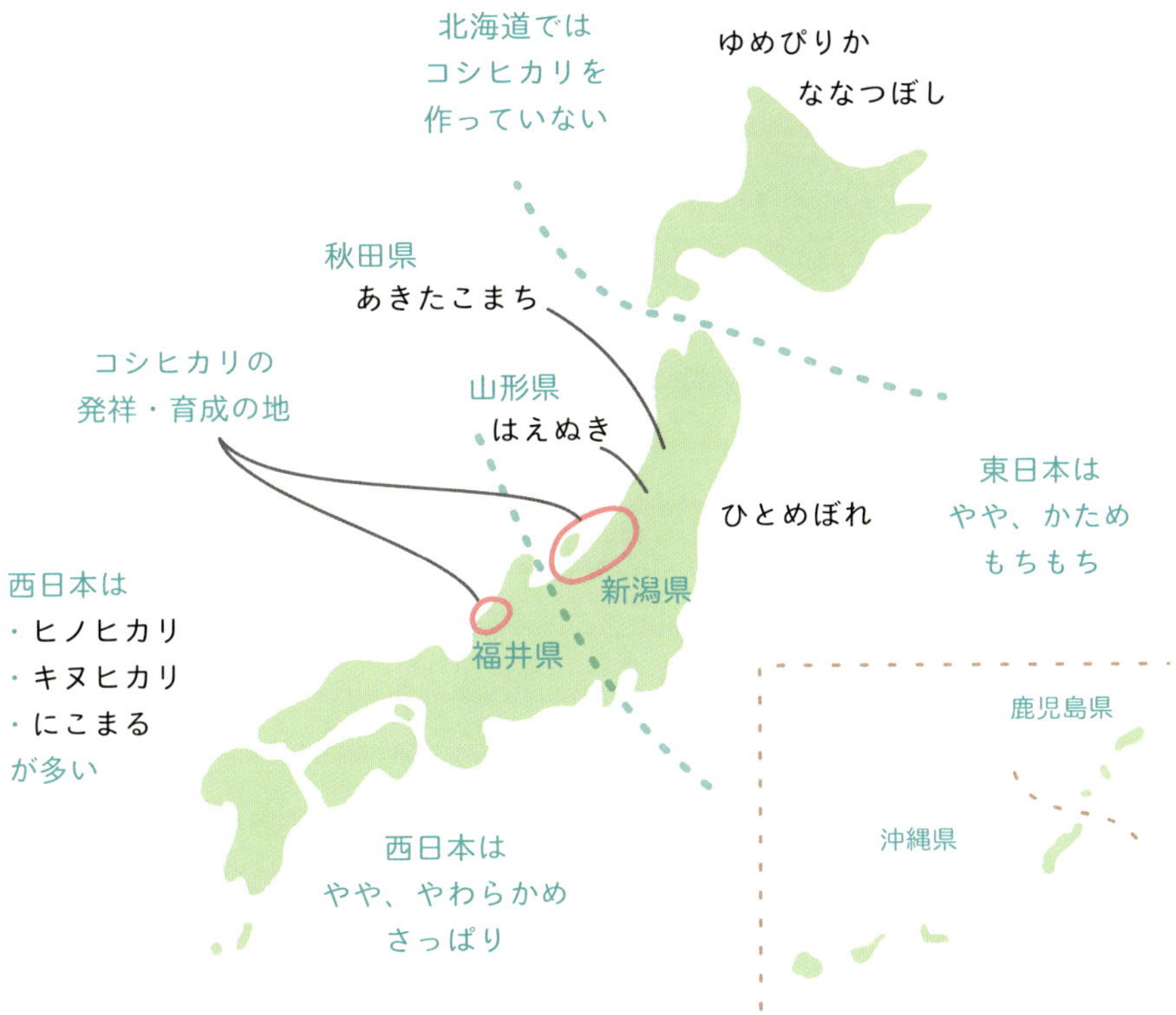
北海道では
コシヒカリを
作っていない
ゆめぴりか
ななつぼし
秋田県
あきたこまち
コシヒカリの
発祥・育成の地
山形県
はえぬき
ひとめぼれ
東日本は
やや、かため
もちもち
新潟県
福井県
西日本は
・ヒノヒカリ
・キヌヒカリ
・にこまる
が多い
鹿児島県
沖縄県
西日本は
やや、やわらかめ
さっぱり

お米は沖縄から北海道まで、全国で作られています。全国のうるち米の作付面積のうち、約35%がコシヒカリです。迷ったら、自分の故郷で育てられたお米を選ぶのもいいですよ。

お米の味の分析

お米の食味評価は長い間、炊いたご飯の粘り・硬さ・香り・色ツヤなどを人が食べて判断する官能検査で行われてきました。でも最近は新しい品種も飛躍的に美味しくなり、差を表すことが難しくなってきました。そこで米の成分分析など理化学的測定を併用するようになってきています。また新しい方向性としては、東京農業大学農芸化学科の辻井良政教授が米の胚乳酵素活性量とその作用や、稲の遺伝子が食味に与える影響などについて研究しています。今後ますます理化学検査の重要性が増すでしょう。

質問コーナー

ゆきちじいちゃんの本を見ながら、シロがお答えします。

Q お米で特Aとかよく聞くけど、品種のこと？

A 品種ではありません。一般財団法人日本穀物検定協会が発表しているランキングです。産地ごとに検査するから、コシヒカリでも特Aとそうでないのがあります。でも特Aでなくても、おいしいお米はたくさんあるよ！　あくまでも参考ってことで。

Q 手巻き寿司を作るんだけど、家にコシヒカリしかありません。

A そういうこと、ありますよねー。炊き方を工夫すれば大丈夫だと思います。コシヒカリなら水加減を少なくして（炊飯器のすし飯モードで）炊いてみてください。

Q で、結局おむすびにはどのお米がいいの？

A うーん、ムズカシイ問題。みんないろんなことをいいますから。ゆきちじいちゃんがよく言ってたけど、このお米でなくちゃという決まりはないと思う。自分の好きなおむすびがどんなのかということから考えてみるといいんじゃないかな。誰でも好きな味がいちばんおいしく感じるよね。

フレンチトースト
8枚切り

おいしさの90％は食材で決まる！
値段じゃなくて適切な食材を選ぼう。

- 親子丼……… ×むね肉　○もも肉
- 麻婆豆腐…… ×絹ごし豆腐　○木綿豆腐
- 果物の保存… ×冷蔵庫　○室温（りんごは逆）

食材選びは
おいしいの第一歩！

第2章

おむすびは手加減、ゆる加減

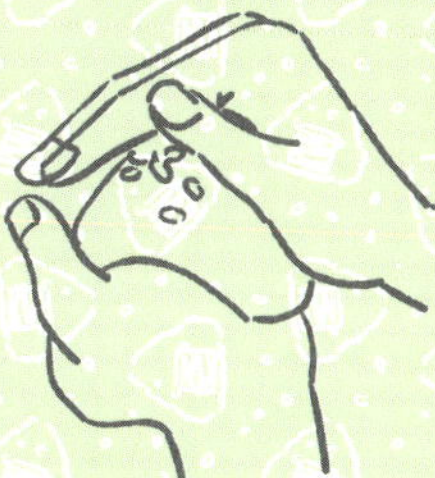

ご飯を正しく炊いてる？

人間は生のお米は消化できません。パンのように「焼く」のではなく、「炊く」ことでようやくおいしくなります。

炊くってなに？

炊飯とはお米のデンプンに水と熱を加えて、粘りがあるやわらかいデンプン（ご飯）に変える化学変化です。これを**糊化**（こか）といいます。粘りが出てやわらかくなったご飯は、温度が下がると、また硬くなってしまいます。これを**老化**といいます。

生
βデンプン
かたくて おなかを こわす
水＋熱
糊化（α化）
もちもち やわらか
αデンプン
冷蔵庫に 入れると 硬くなる
放置・冷却 （〜0℃）
老化（β化）
かたくて ボソボソ
βデンプン

分づき精米とは……玄米から精米の度合いを調整した米のこと。

玄米1kgを精米すると、精白米900gになります。
胚芽
果皮
ぬか層

玄米	五分づき米	七分づき米	白米
栄養豊富だが、消化が悪い	玄米と白米の中間。	白米に近い。食べやすい。	ぬか層と胚芽を完全に取り除いたもの。

炊飯メモ

- お米1合 150g ＋ 1.2〜1.3倍のお水 → 1合分のご飯は 320〜330g
- 新米はやさしく洗って、水加減は少なめ
- ご飯の保存はラップに平らに置いてふわっと包み、密閉容器に入れて**冷凍保存**すべし！

ミネラルウォーターで炊くといいってホント？

半分ホント。軟水で炊くと米粒がふっくらと炊き上がります。硬水、特にカルシウム含有量が高い水で炊くと、ボソボソパサパサになります。日本のミネラルウォーターはほとんどが軟水ですが、確認してから使いましょう。一般的には、その米の産地の水で炊くと美味しいといわれます。でも水道水でも大丈夫！　日本の水道水は水質管理項目が細かく設定されており、多少の差はありますが、全国どこでも軟水でおおむね中性。炊飯にとても適しているのです。

これで完璧！ご飯のおいしい炊き方

炊飯器の内釜で研ぐのはダメ！
傷がついて炊きムラの原因になるよ！

① はかる

1合=150g
軽量カップはすり切りで！

計りで確認しよう

1回目のお水はすぐ捨てる

いそげ！

② やさしくとぐ

ゴシゴシしないで！

さっとかきまぜる×数回

とぐ ではなく 洗う イメージ
× ○

③ 1時間冷水につける

しっかりお水を吸わせる

夏は冷蔵庫に入れる

雑穀を混ぜるときは白米1合につき大さじ1〜2。たくさん入れるときは、雑穀だけお湯に漬けておくと炊きムラにならない。

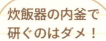

炊き込みご飯は
炊く直前に
調味料を入れる！

急速で炊く

4

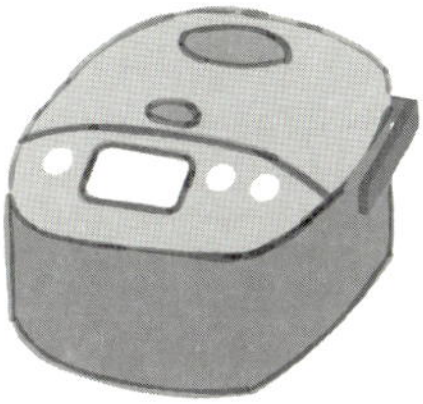

炊く ボタンは吸水時間を含む

★オススメは…

1時間浸水→**急速モード**（お急ぎ）

テストに
出るかも

羽釜やお鍋の場合

厚みのある
お鍋を使う

強火 → 中火 → 弱火 → 止

フタは
とらないでね

10分	15〜20分	10〜15分
	沸とう状態をキープ！	蒸らし

炊飯器の
終了合図は
蒸らし完了

すぐほぐす

5

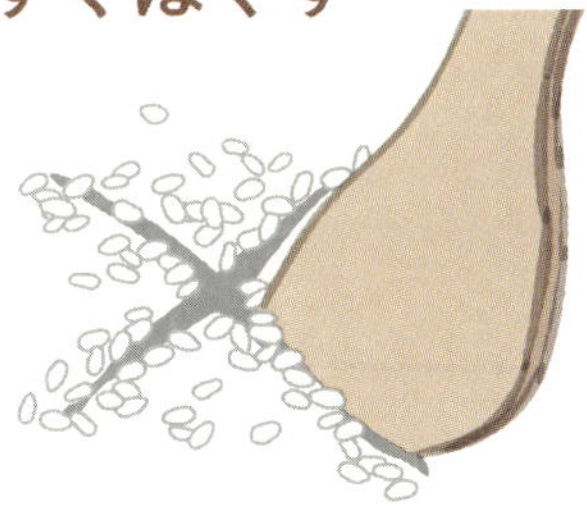

十字に切って上下を返し、かたまりをほぐす。余分な熱と水分を飛ばして、空気を入れる。

炊飯器のフタも
取りはずして洗う！

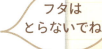

よくわかる！ 三角おむすびの握り方

1 手を水でぬらす。

2 片手の指2本の第一関節で、さっと塩を取る。

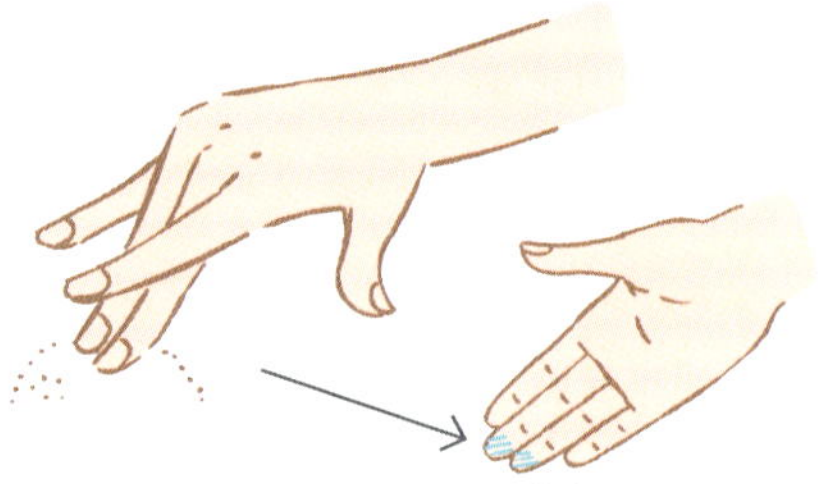

3 塩を手のひらにのばす。

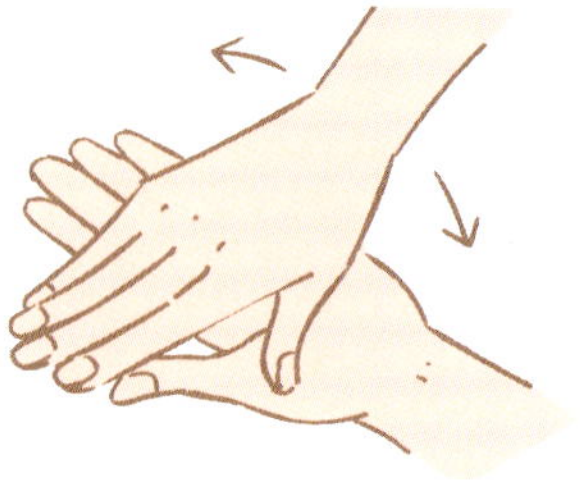

4 ご飯をお茶わんに軽く一杯分用意する。

5 右手（利き手）で屋根を作る。

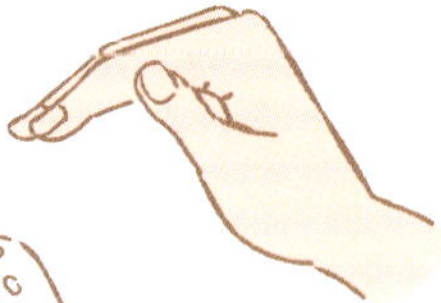

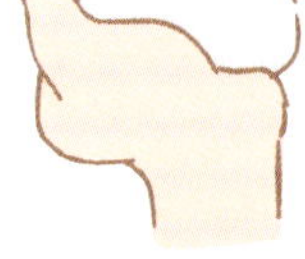

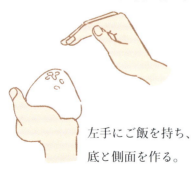

左手にご飯を持ち、底と側面を作る。

6 おむすびを回しながら3回屋根を作る。さらに裏に返して、3回握る。

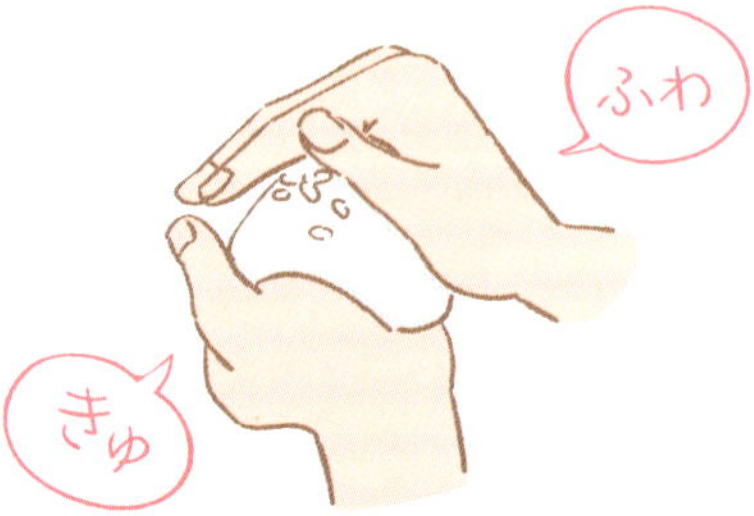

質問コーナー

ゆきちじいちゃんの本を見ながら、シロがお答えします。

Q 減塩中なのですが、お塩を付けなくちゃダメですか？

A おむすびではちょっとビミョーな問題かも。ええと、減塩はからだにいいですよね！ ただ、ご飯の甘みは冷めると感じにくくなるから、お塩を付けた方がおいしいと思います。お塩なしで握って食べるときにかけるようにすると、すこし減塩できます。

Q 手で握るのがどうしてもイヤです。でもラップだとうまく握れません。

A その気持ち、ちょっとわかります。使い捨ての食品用手袋という便利なものが売っているので、それを使ってみてください。ドラッグストアとかで見つかります、たぶん。

Q 冷めたご飯でおむすびを作ったら、うまくできませんでした。

A ですよね。なぜかというと、おむすびはお茶碗に盛ったご飯と違って、お米粒がくっついているでしょ？ 握ったときに、お米粒が変形してくっつくのだけど、それはお米がやわらかくないとできない。前に出てきた（18ページ）炊飯の話を思い出してください。やわらかいお米は生のお米を加熱（糊化）してできたαデンプンです。冷めると老化して、硬くてボソボソしたβデンプンになってしまう。だから、熱いうちに握らないとおむすびにならないんです。炊きたてを握るのはタイヘンだけど、ここはひとつ、がんばってください！

Q いっしょうけんめい作ったのに、他の人が握ったものは食べられない、といわれてしまいました。

A 悲しすぎる！

あなたのことが嫌いなのではなくて、すこしだけ神経質な人なのかもしれません。「今度いっしょにおむすび作ろう」と誘ってみましょう。いっしょに作ったら、きっと食べてくれるんじゃないかな。

Q うちのばあちゃんはおむすびのことを「にぎりまま」っていいます。これって方言？

A おばあちゃんは青森県のご出身では？

ネコ特派員調べによると、おむすびの方言はいくつかあります。青森では「にぎりまま」。栃木や茨城では「おにんこ」、和歌山では「にんにこ」というそうです。でも今はあまり使われていないみたい。ちょっとさみしいな。

Q おむすびを作ると、いつも手やテーブルにご飯粒がたくさんくっついて困ります。

A それは、手につけるお水が少ないか、うっかり忘れているせいです。

どんな炊飯器を買えばいいの？

保温や予約炊飯は必要か、玄米や雑穀ご飯をよく炊くか、などライフスタイルに合わせて検討しましょう。一般的には、**内釜の厚みがあり底が丸みのあるもの、内蓋と蒸気孔を取り外して洗いやすいもの**がオススメです。価格で選ぶならマイコンジャー、炊き上がりにこだわるなら圧力IHジャーを選ぶといいでしょう。また大きさも重要です。美味しく炊ける量は3合炊き釜なら2合、5合炊きなら3〜3.5合が目安です。

おむすびの「なぜなに」

もしもし
カメよ～♪
カメさんよ～♪

と歌いながら手を洗うといいらしい。手のひら、指の間、手の甲、ツメと指先、親指、手首をしっかり。

食中毒予防の**3原則**

菌を

1. つけない
2. 増やさない
3. やっつける

おむすびがバラバラにならないのは、日本のお米が**ジャポニカ米**だから。

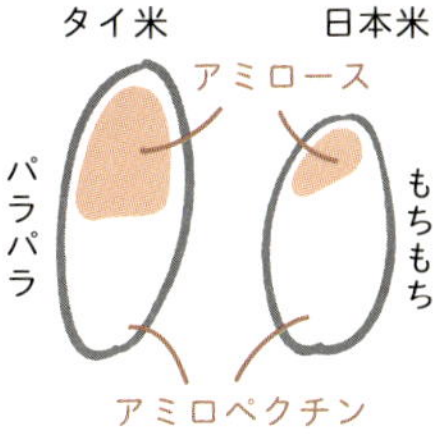

タイ米
日本米
アミロース
パラパラ
もちもち
アミロペクチン

ラップVS.素手

ラップで握ると菌が付かないけれど、そのまま包むのはダメ！　熱と水分がこもって味が落ちるだけでなく、傷む原因にもなる。正しくは、包んだラップを外し、粗熱が取れたら**新しいラップで包み直す。**

おむすびは、ウカミノミタマ（稲の霊）が宿るお米を、神がいる山の形にして、男神の高御産巣日神（タカミムスビノカミ）と女神の神産巣日神（カミムスビノカミ）に供えた、という説がある。三角おむすびは**スピリチュアルフード!!**なのだ！

手で握るとおいしいのは…指の凹凸でほどよく空気が入る。

ふわっ　キュッ

の握り加減をしやすいから。

呼び方いろいろ

屯食《とんじき》
つつみ飯《いい》
鳥子《とりのこ》
おむすび
（宮中の女房言葉）
｝平安時代
↓
握飯 …………… 戦国時代

結は白川文字学によると、右の**吉**は祈りがかなった状態、左の**糸**は愛情を示す「ヒモをむすぶ」行為を表す。つまり、大好きな人が幸せになるように、という意味。

三角おむすび

三角おむすびが全国的に広まったのは、コンビニでおむすびが売られるようになってから。1978年にセブン・イレブンが「パリッコフィルム」でパリパリ海苔のおむすびを販売し、コンビニおむすびが話題になった。この頃からお母さんたちが作るおむすびも、圧倒的に三角が多くなった。1983年にセブン・イレブンが販売した「手巻きおにぎりシーチキンマヨネーズ」は大ヒット商品に。以来、おむすびはコンビニ各社の主力商品となっている。

ボール型または おまんじゅう型

江戸時代の風俗を記した本には、江戸の握飯は「円形或ハ三角等」とある。今でも関東以北では、円形（球形）のおむすびは親しみ深い。現代では、型抜きのまんまるおむすびで顔を作るキャラ弁人気もあり、円形は江戸以来の人気復活期！

俵型

関西以西で一般的な俵型。

米俵の形とも、小判（銭）の形ともいわれている。江戸時代の本に、京阪は俵型で表面に黒胡麻をつけたものがある、との記述が見られる。現代では駅弁や観劇のお弁当でもお馴染みの形。

おむすびは冷凍できる？

冷凍できます！

おむすびが温かいうちにラップに包んで、食品用ポリ袋に入れ、密閉して冷凍します。食べるときは冷凍のまま（ラップのまま）電子レンジで2～3分ほど加熱します。塩おむすびが最適ですが、具ありでも大丈夫です。海苔は巻かず、梅干や塩昆布など、油分や汁気のない具にしましょう。塩気があるので、加熱したおむすびを焼きおむすびにしたり、お茶漬けやスープに入れて雑炊にするのも美味しいですよ。

まぐろの漬け丼
タレ

**アレンジする前にマスト条件を押さえよう。
レシピには書かれていないことが多い。**

- 煮魚…煮る前にマスト！　→湯引きをし（熱湯をかける）冷水に取る。
- おでんの大根…煮る前にマスト！　→竹串が通るまで下茹でする（水から茹でる）。
- 回鍋肉《ホイコウロウ》…炒める前にマスト！　→キャベツはさっと茹でる（電子レンジ加熱OK）。

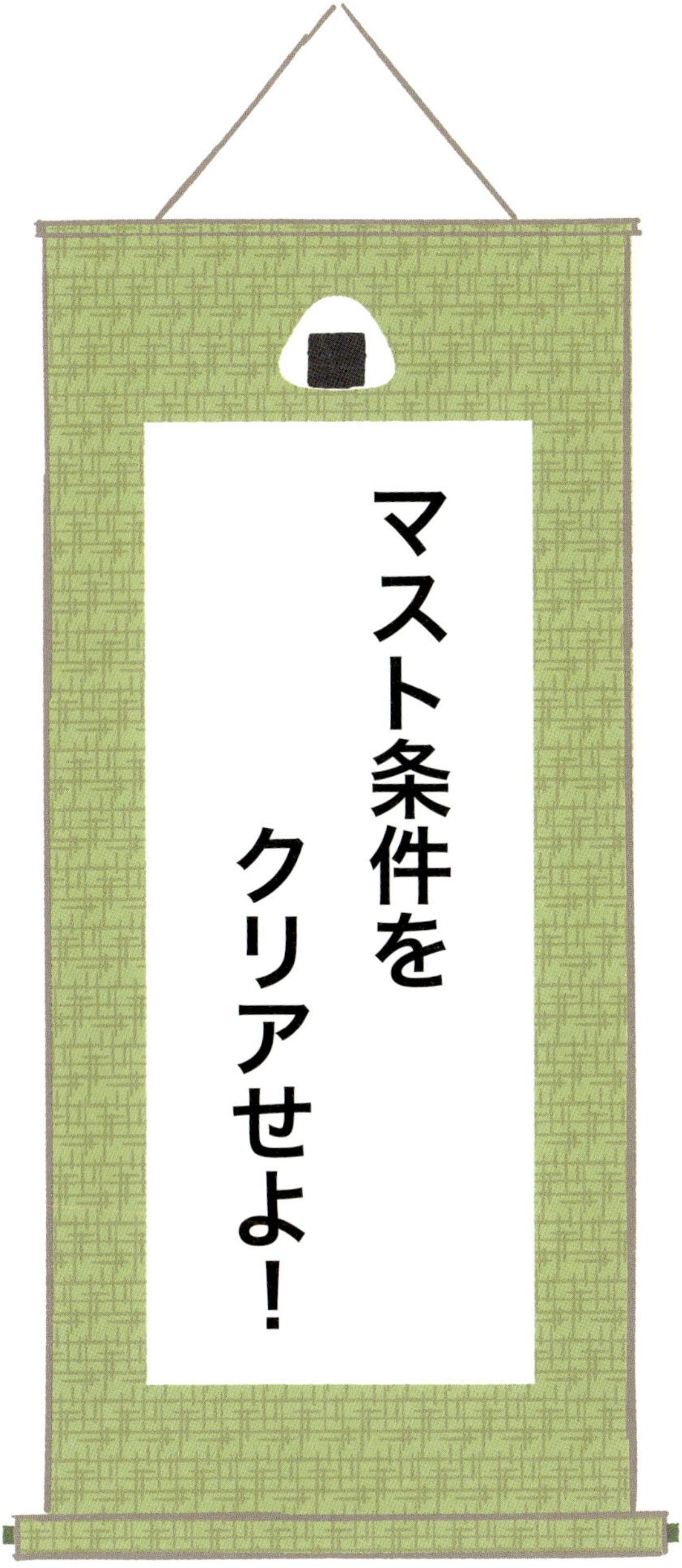
マスト条件を
クリアせよ！

トピックス

昔のおむすびに会いに行こう

おむすびは昔から日本人に親しまれてきました。どんなところで昔のおむすびに会えるかな？

その壱、絵や物語の中で見つける

ピクニックみたいだニャ

塩おむすびだニャ！

◆『東海道五十三次細見《さいけん》図会《ずえ》藤沢』～国立国会図書館所蔵

歌川広重（寛政9年／1797年～安政5年／1858年）の後期の作品。村鉄という江戸の地本問屋《じほんどんや》（浮世絵や草双紙など娯楽的な作品を出版・販売する本屋）が出版。

◆さるかに合戦～民話

カニが持っているおむすびをうらやましく思ったサルは、自分の持っている柿の種と交換してもらう。このあとサルは酷いことをして、カニの子どもは栗と臼と蜂と昆布（または牛の糞）に協力してもらって敵討ちをする。

大きいニャ！
はやく芽をだせ
柿のタネ♪
出さぬとハサミで
ちょんぎるぞ♪

その弐、ゆかりの場所へ行く

◆杉谷チャノバタケ遺跡（石川県）★
日本最古のおむすび型の**炭化したご飯の塊**が出土（弥生時代中期・1987年発掘）。チマキ状炭化米塊といわれているが、実はよくわかっていない。おむすびといえるかは微妙。

◆横浜市北側表の上遺跡（神奈川県）★
古墳時代のおむすび的な、握りこぶし大の**炭化したご飯の塊**が出土（古墳時代後期6世紀・1983年発掘）。いくつかの塊が網代編みのカゴに入っていたらしい。横浜市歴史博物館所蔵。レプリカの展示は要問合せ。

★参考：おにぎりの文化史（横浜市歴史博物館監修、河出書房新社）

遺跡から出土する米は大半が炭化して黒い。
JR七尾線能登部《のとべ》駅と、道の駅「織姫の里なかのと」で、レプリカを見られるニャ！
CTスキャンで詳しく調べたんだって！
復元図
玄米らしいニャ！

◆東海道川崎宿

川崎では「御紋むすび伝説※」が言い伝えられており、行政と市民協働の東海道川崎宿のお祭りなどで「三角おむすび発祥の地」として盛り上がっている。川崎宿の様子は「東海道かわさき宿交流館」で見られる。

※江戸幕府第8代将軍徳川吉宗が紀州から江戸に向かう際に、川崎宿で葵の御紋に見立てたおむすびを振舞われ、吉宗公がいたく感心した。以来、紀州の殿様が川崎宿を通る際に必ず振舞われたとされ、川崎宿の名物になったというもの。（参考：川崎区ホームページ、川崎市市勢要覧2019）

日本最古の駅弁はおむすびだった！

鉄道の開通に合わせて1870年代後半から、各地で駅弁が販売されました。おむすびを中心としたシンプルなものから始まり、後に折箱に詰められた幕の内弁当スタイルに発展したようです。（ネコ特派員調べ）

宇都宮駅で販売されていたものです。日本で最初の駅弁といわれています。梅干のごま塩おむすび2つとたくあんが竹皮に包んでありました。

おかず大王の呪縛

昨日のごはん（お弁当）には、おかずがいくつありましたか？　実は戦前まで、一汁一菜（ご飯・おかず・汁物）が一般的でした。一汁三菜が広まったのは1960年代以降。テレビの料理番組や女性誌の影響が大きいみたいです。たしかにおかずがいろいろあると楽しいし、栄養も良さそうですよね。でも、毎日がんばらなくてもいいのではないかしら。おかずが複数ないとダメ、というルールなんてないのです。たまには、おむすびだけにしませんか？　主役は美味しいご飯！　そんな日も楽しいですよ。

第3章

適当に選んで最高になる具材

おむすびは口中調味フード

塩おむすびもおいしいですが、具が入っているとやはり、ごはんを食べたという気分になります。それは「**お米＋おかず**」という組み合わせに感じられるから。日本の食事は**口中調味**という食べ方だといわれています。わたしたちはご飯とおかずや汁物を交互に食べて、口の中で自分でご飯に味付けしているのです。

外国ではこのような食べ方をしません。学校の給食でも機内食でも、ひとつのプレートに盛られていても、コース料理のように一品ずつ食べるのが常です。

おむすびはご飯とおかずがひとつになっています。でもご飯だけ、具だけの部分があります。それぞれを味わいつつ、コンビネーションを楽しむという高度なことをしています。

つまりおむすびは、日本らしい「口中調味」フードなのです。しかもサンドイッチはほぼ均一に具が入っているのに対し、おむすびのご飯と具はかなり偏って存在しています。どんなふうに味わっているのかは、実は人それぞれ違うのかもしれません。

おむすびをおいしく味わえるというのは、とても素敵な味覚を持っているということなのです。自分のことがちょっと誇らしく思えてきませんか？

基本は引き算

Delicious

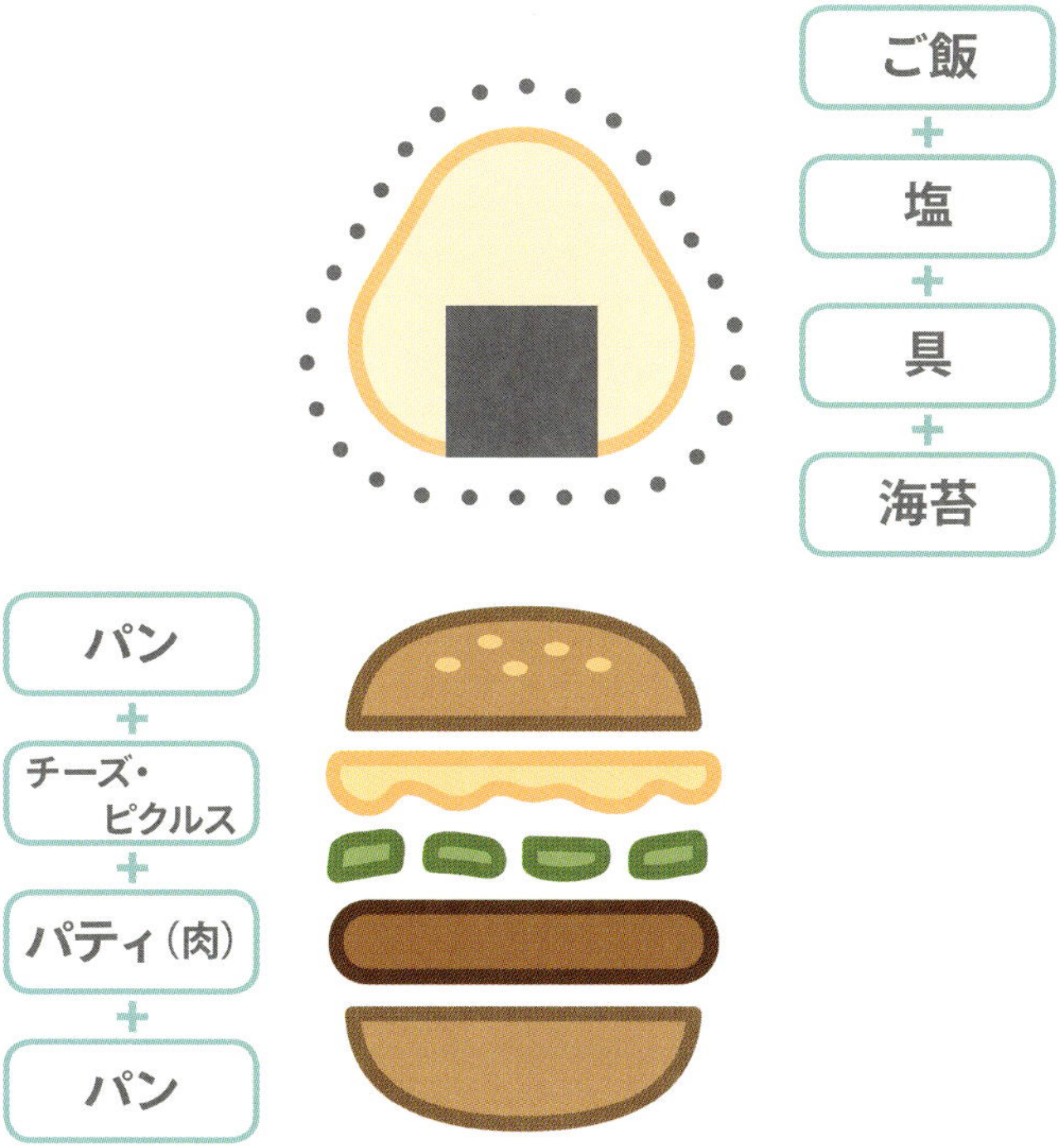
ご飯
+
塩
+
具
+
海苔
パン
+
チーズ・ピクルス
+
パティ（肉）
+
パン

ファッションやメイクの達人は、飾り立てるよりも**引き算**を常に心がけるといいます。ミシュランの星が付くレストランのシェフたちも、料理の要素を分解して再構築することから、新しい味を作ります。**本質的な美しさや美味しさは、常にシンプル**なところにあるのです。

そもそも、おむすびはとてもシンプルな料理です。だからこそ、ひとつひとつの要素を吟味することが、美味しさに直結します。基本を大切にすることで、おいしさが際立つのです。〝定番のおいしさ〟を見直してみませんか？

こだわりたい！

海苔

栄養の宝庫

・うま味成分「グルタミン酸・イノシン酸・グアニル酸」を全て含む天然の食品は海苔だけ！
・「栄養の宝庫」ともいわれ、タンパク質・ミネラル・ビタミンが豊富！
・表と裏がある。ピカピカしている方が表。
・さっと炙ってから使うと風味up!

塩

身体の機能維持に必須

ナトリウム

・おむすびに向く塩…海塩、天日塩、焼き塩、藻塩
・向かない塩…岩塩、ハーブ入りのフレーバーソルト
・試すと楽しい塩…梅塩、ゆず塩、昆布塩、桜塩
・もちもちしたお米のおむすび…粒が大きめの塩やしっとりした塩。
・あっさりしたお米のおむすび…粒が小さめ・サラサラとした塩

胡麻《ごま》

ごまにしか入っていない栄養

ゴマリグナン

・栄養をプラスしたいときにぴったり。
・不飽和脂肪酸、タンパク質、ビタミンE、食物繊維、鉄、など。
・軽く炒ってから使うと風味up!

梅干

疲労回復にgood

クエン酸

・昔ながらの梅…シャキッとする。汗をかく日に最適！
・南高梅・味付け梅…思い切って多めに使うと◎
・カリカリ梅…刻んで全体に混ぜてもgood!

シンプルに

昆布（グルタミン酸）

・塩昆布、つくだ煮、
・おむすびに巻く昆布
○おぼろ昆布…職人が手すきで削るシート状。ヒラヒラ。
○とろろ昆布…何枚もの昆布を重ねてプレスしたものを機械で削る。ふわふわ。

かつお節（イノシン酸）

・定番の“おかか”。かつお節におしょう油少々をまぶし、具にする、またはご飯に混ぜて握る。梅肉を加えてもおいしい。
・おむすびにかつお節をまぶすおかかまぶしもおすすめ。

具についての心得　三か条

シンプルが大切なのはわかったけれど、引き算ばかりじゃつまらない。やっぱり楽しくしたいものね。

避けた方がいい具のリスト

一、生モノ

一、油分・汁気

一、大蒜《オオビル》・葱《ネギ》

熱いご飯と合わせるので、生モノは傷みやすいです。特に暑い季節のおむすび弁当には要注意。たらこも夏は「焼きたらこ」にしましょう。シラスも茹でたり揚げるなど、加熱した方が安心です。

油分や汁気があると、ご飯がくっつきにくく、食べるときにバラバラに崩れやすくなります。キッチンペーパーなどで拭き取るか、かつお節や昆布・ごまなど、油分や汁気を吸収するものを混ぜましょう。

風味がご飯の中に閉じ込められるので、いつもより強く感じます。またお米の味はとてもデリケートなので、強い風味に負けてしまいます。でもすぐ食べるときやお腹が空いているときは、ねぎみそやにんにく炒めなどもおいしいです。

足し算も楽しみたい

避けるべき具の注意事項を守れば、基本的には何でもOK。自由過ぎて悩んじゃう、という方はこんなふうに考えてみたらどうでしょう？

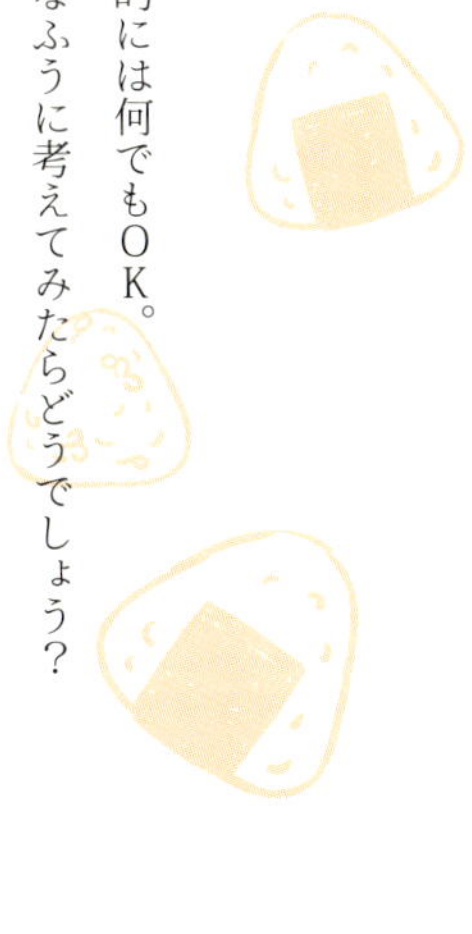

❶ 足すアイテム数で考える

外側に巻くものやトッピングするものまで含めて、多くても**5アイテム**まで。

・梅干＋ちりめんじゃこ＋枝豆＋ごま＋青じそ
・高菜＋そぼろ＋ごま＋海苔

例えば、話題になったローソンの「悪魔のおにぎり」も5アイテムです。

・天かす＋かつお節＋あおさのり＋マヨネーズ＋ソース

❷ お米の産地と具の産地を合わせる

同じ産地の食材は相性がいいので、足し算をするとよりおいしく感じます。

・九州のお米〔さがびより・夢つくし〕＋高菜漬け＋明太子
・北海道のお米〔ななつぼし・ふっくりんこ〕＋たらこ＋バター
・新潟のお米〔こしいぶき・新之助〕＋いくらのしょう油漬け＋鮭フレーク
・愛知県のお米〔あいちのかおり・ミネアサヒ〕＋あさりのしぐれ煮＋守口漬

適当で最高になる具

お料理がちょっぴり苦手でも、疲れていても、がんばらなくても、なんとなく出来上がるのがおむすび。その適当さ加減がなんといっても魅力ですが、いつもの視点をほんのすこしずらして、もっとおいしい楽しい時間にしませんか？　難しいことは何もありません。

だって、適当にできなかったら、おむすびじゃありませんから！

まあ、とにかく先へ進みましょうか。

大きいは正義

作るのも食べるのも楽しく！

とにかく大きいおむすび

ご飯をおかわりするのもめんどうだとか、大きなお弁当箱はおかずをたくさん詰めなくちゃいけないから大変だとか、そんな方におすすめです！　思い切ってご飯１合分、大きく作りましょう。もうこのサイズになると不格好でも大丈夫。おかずも何種類か入れてしまいましょう。かぶりつくおいしさは、小さいおむすびとは別のおいしさです。心がほかほかしますよ！　ネコ特派員によると、地方ではこんな感じの**とにかく大きい**おむすびはよく作られていたみたいです。

チームプレイが得意

具とご飯、いっしょの方が断然おいしいよねぇの定番系。

塩味系

●シャケ（鮭）バリエーション

☆シャケマヨ＝焼き鮭をほぐしてマヨネーズと和える。汁気が出ないので、ツナマヨよりラク！

☆鮭の焼漬け＝焼いた塩鮭を、しょう油＋みりん（＋酒）を各同量混ぜたタレに、１～２日間漬ける。しっとりジューシーで、いつものシャケおむすびがグレードUP！

☆おかかみそ＝味噌にかつお節と砂糖少々を混ぜて具にする。

酸味系

●梅干バリエーション

☆梅＋砂糖＋だししょう油≒南高梅

☆梅＋かつお節＋青じそ＝旨みと香りをプラス

●漬物バリエーション

お茶漬けをイメージするとわかりやすい。

☆刻み漬物＋薬味

☆漬物＋ふりかけ＋わさび

忘れられないワンダーランド

たまにはガツンと！失敗を恐れず、レッツトライ！

おかず詰め放題型

好きなものはいつだって食べたい、というあなた。ぜひおむすびにアレンジしてみましょう。もしかしたら、忘れられないくらいスゴイおむすびができるかもしれません。ヒントは**一点集中型**にすること。たとえばスパムおむすび。あれはスパムが大好きな人が考案したんですよ、きっと。

自分が大好きなものは他の人も好きかもしれません。もしスゴイのができたら、ネコ特派員までお知らせください。すき焼き、チキン南蛮、カレー、トンカツ、ハンバーグあたりが人気が出そうです。

丼ものスタイル型

白いご飯と丼物は黄金コンビなのだからおむすびの具にもぴったりじゃない？　と思ったあなた、ほぼ正解です。丼ものスタイルおむすびの一番人気は天むす。要するに、天丼おむすびですよね。その他、牛丼に近いのは、甘辛い牛しぐれ煮のおむすびなど。

注意してほしいのは、おむすびは**汁気厳禁**だということ。

カツ丼そのものは無理だけど、ソースカツ丼おむすびなら大丈夫。海鮮丼は生モノだからダメだけれど、加熱したり魚の缶詰を使うなど工夫するのも楽しいですよね。

存在感あるマイノリティ

メジャーでないからこその面白さ。ヒントは食感と風味。

意外性の勝利型

白米は味が強くない、言い換えるとニュートラルなのでどんなモノでも受け止める懐の深さがあります。ご飯からの振り幅が大きいほどおもしろみが出ます。

☆ご飯に粗びきコショウを混ぜて握る。
☆ごま油を手につけて握る。
☆ナッツや柿の種を砕いて、おむすびにまぶす。
☆コンビーフをごろっと大きな固まりのまま、具にするなど。

だまされたと思って、一度試してみてください。

既知の再見型

おなじみのものも形を変えると新たな魅力が出てくる、というのは他の分野でもよくあること。

☆パクチー（コリアンダー/香菜）；トッピングとして使うと、一気に日本のおむすびが東南アジア風に変身します。甘辛い肉そぼろ、生姜の効いたつくだ煮、角切りベーコンや豚の角煮などの具と合わせるとおもしろいですよ。

☆みそパウダー、しょう油パウダー；最近、比較的手に入れやすくなりました。ご飯に混ぜてほのかな風味を楽しむもよし、おむすびの外側にまぶして白米とのコントラストを楽しむのもよし。

ありふれた日常を最高に

定番の安心感そのままに、もっと楽しく

おむすびにもワイン

おむすびに合うお酒といえば、まず日本酒。焼酎もいいですよね。ワイン好きなら、ぜひすっきりした軽めの白ワインで！ひと口サイズのおむすびにして、オリーブの実やケッパー、チーズ、生ハムなどを具にしたり、トッピングのように上に乗せるのも華やかになっておすすめです。ポイントはすこしオイリーな味、酸味のあるものを合わせること。いろいろ試してみると楽しいですよ。

小さい工夫

ありふれた材料でも味がぐんと変わります。試す価値大です！

☆ごま塩おむすび；炒りごまをおむすびの外側全体にぎっしりまぶします。ごまの油分と風味がご飯にまわり全く違う味に。

☆焼き鮭；おおきな身をごろっと入れるか、細かくフレーク状にして入れるかでかなり味が違います。自分の好みを見つけてくださいね。

おもしろおむすびアレコレ

えー、わたくし、
ネコ特派員が
スペシャル・レポートを
お送りします！

天むす　はじめて物語

海老のかき揚げが入った天むすは、名古屋名物として知られています。天ぷらが、実は発祥は三重県津市。天ぷら屋「千寿」がまかないとして出したのが始まりです。小さめに作ってあるのは、新幹線の中でさっと食べられるようにという配慮だそうです。今では多くの店が販売し、具も形もバリエーション豊かに進化中！

コーヒーおむすびを知ってる？

長崎県大村市にある長崎スコーコーヒーパークに、コーヒーおむすびがあるとの情報をつかみました！コーヒーで炊いたご飯を握ってあるそうです。残念ながら、ネコ特派員は未体験です。食べた方、ぜひ実食レポートをお寄せください！

ラーメンのシメに最適!?

都内の某ラーメン店でのこと。ネコ特派員がラーメンを食べ終わりそうな頃合いを見計らって、握りたての塩おむすびが出てきました。これがウマイ！　ラーメンのコクと脂をほどよく中和して、シメに最高でした。自宅でラーメンのときもシメにはおむすび、ぜひお試しを。

特派員
ニャ！
憧れる
ニャー…

ステーキ
肉の味

味付けで失敗しない最大のコツは、シンプルにすること。足すのは後でもできる。

- グリーンサラダ……△ドレッシング頼み　○オリーブ油をかけてから塩とレモン汁
- ハンバーグ…………△肉だねに味付け　○肉だねは塩コショウ、ソースで味を足す
- 里芋の煮っ転がし…×調味料で煮る　○だしで煮て、柔らかくなってから調味料

第3章のまとめ

越後に来ねかね？

トピックス

米どころ新潟からの便り

笹の香り
三角ちまき

もちもちしておいしいニャ！

甘い黄粉でいただきます

【ちまき】

越後の郷土料理。もち米を防腐・殺菌作用のある笹の葉に包んで茹でる保存食。味はついていないので、黄な粉をかけて食べる。

おやつにぴったりだニャー

笹団子も有名だよニャ！

ネコ特派員メモ

ちまきの作り方
一晩水に浸けたもち米を笹の葉2～3枚で三角に包み、スゲの紐で縛って茹で、冷水にとる。

【すじこのおむすび】

新潟県では、すじこ（筋子）のおむすびは超定番！　コンビニでもスーパーでも販売されている。（ちなみに、関東のコンビニは「いくら」が多くて「すじこ」はたまにある程度。関西はほぼ「いくら」で「すじこ」はないみたいです。ネコ特派員調べ）

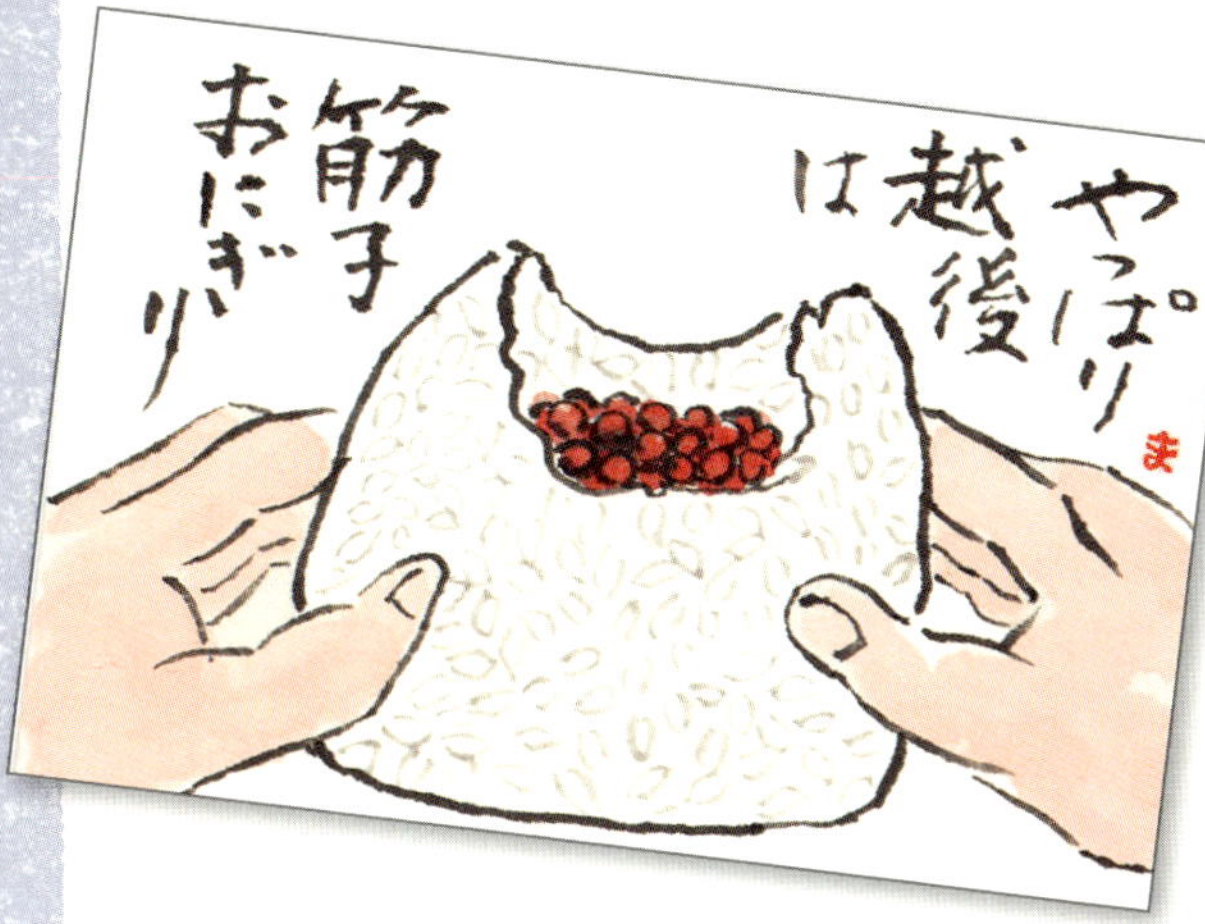
やっぱり越後は筋子おにぎり
ま

ネコ特派員メモ

村上市は江戸時代に世界で初めて鮭の人工養殖に成功したところ。イヨボヤ会館という鮭の博物館がある。塩引き鮭のおむすびもおいしい。

ふむふむ、新潟は昔から新巻き鮭とかシャケをよく食べるんだって

ネコ特派員メモ

関越自動車道塩沢ＳＡの塩おむすびは、知る人ぞ知る人気メニュー。越後のお米はモチモチして甘いから、塩おむすびがおいしいのです。

絵手紙：谷雅子

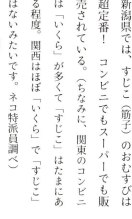

質問コーナー

ゆきちじいちゃんの本を見ながら、シロがお答えします。

おひつ

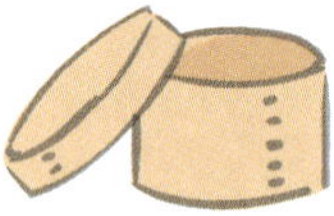

Q

「おひつ」を買いたいので、いろいろ教えてください。

A

おひつは、炊きたてのご飯を入れて保存するものです。

つづきはこちら

まずオススメしたいのは、昔ながらの木製のおひつ。余分な水分を吸うので、冷めてもしっとりもっちり。炊飯器で保温するのとは違うおいしさです。おひつご飯でお茶漬けすると最高です。使用前にお水に浸けて、使用後はしっかり自然乾燥させてください。さわらやひのきは殺菌作用があるといわれていますが、夏は1～2時間で食べるようにしましょう。

次にオススメなのが、セラミック製おひつ。木製ほどではないけれど冷めてもおいしいです。何よりいいのは、おひつごと電子レンジで温め直しができることです。重いので持ち運びに注意。最近は、真空機能付きの樹脂製おひつも人気があります。

炊飯器の保温機能も進化していてすごいけれど、おひつライフもいいですよ！

第4章

ほめられる盛り付けの極意

盛り付けは脳が決める

おむすびができたら、次は盛り付けです。

「苦手なのよねぇ」という人、けっこう多いですよね。一方、口に入ればいっしょなんだからどうでもいいよ、そう思う人もいるかもしれません。

そもそも盛り付けは必要なのか？（おむすびだから、なおさら必要ない気もしないでもない。）

盛り付けにはお料理がこぼれないように、という実用的な側面もあります。が同時に、お料理をよりおいしく見せたい、という気持ちが働いています。

では、わたしたちはどんなときに「おいしい」「おいしそう」と感じるでしょう？

味覚はもともと3つの感覚、目と鼻と舌で感じるといわれてきました。ところが最近の研究では、人間はさまざまな機能をフル活用して味わっているのではないか、ということがわかってきています。

たとえば、硬いおせんべいを食べたときのパリッという音、親しい友だちと食べるときの楽しい雰囲気、小さいときによく食べていた記憶。

そうしたものが味覚に大きく影響しているようなのです。

つまり、わたしたちはお料理を見た目や匂い、甘いとか辛いという味だけでなく、**脳でおいしいかどうかを判断**しているのです。

盛り付けも、食べる人に「おいしい」と思ってもらうための行為と考えると、技術的なことだけではなさそうですよね。

「なんでもいいや」とその辺にあった紙皿に乗せたら、食べる人は自分が適当に扱われている気がするかもしれません。逆に、レストランのような素敵な盛り付けをしても、疲れた顔をして出したら、食べる人は「そんなにがんばらなくてもいいのに」と食欲が失せるかもしれません。

でも、どさっと大ざっぱに盛り付けても「お腹すいたよね、さあ、いっしょに食べよう」と笑顔で出したら、すごくおいしそうな気がしてきませんか？

大事なのはカッコよく盛り付けることではありません。

地味でも下手でもいい。あなたがお料理や食べることを、楽しんでいるかどうかなのです。

まだラップに包んでいるの？

おむすびを何で包んでいますか？　ラップは、実はあまりおすすめできません。昔は竹の皮や経木に包んでいました。あれはおむすびの表面の水分がほどよく抜けて、内側のご飯がより美味しく感じられる仕掛けでもあるのです。竹の皮の手軽な代用としておすすめなのは、アルミ箔（アルミホイル）です。くしゃくしゃっとシワをつけてから、ふんわり包んでください。ハンバーガー袋やオーブンペーパー、キッチンペーパーもおすすめです。ラップとは美味しさがぐんと違うので、試してみてくださいね！

おむすび弁当の〝新ルール〟

笑顔になるお弁当をつくりたい！
でもココがわからない！

Q
おむすび弁当のときは、どんなおかずを入れたらいいの？

A
おかずは少しで大丈夫。主役はおむすびだから、おかずは脇役と考えてください。

★おむすびとおかずのカンタン方程式

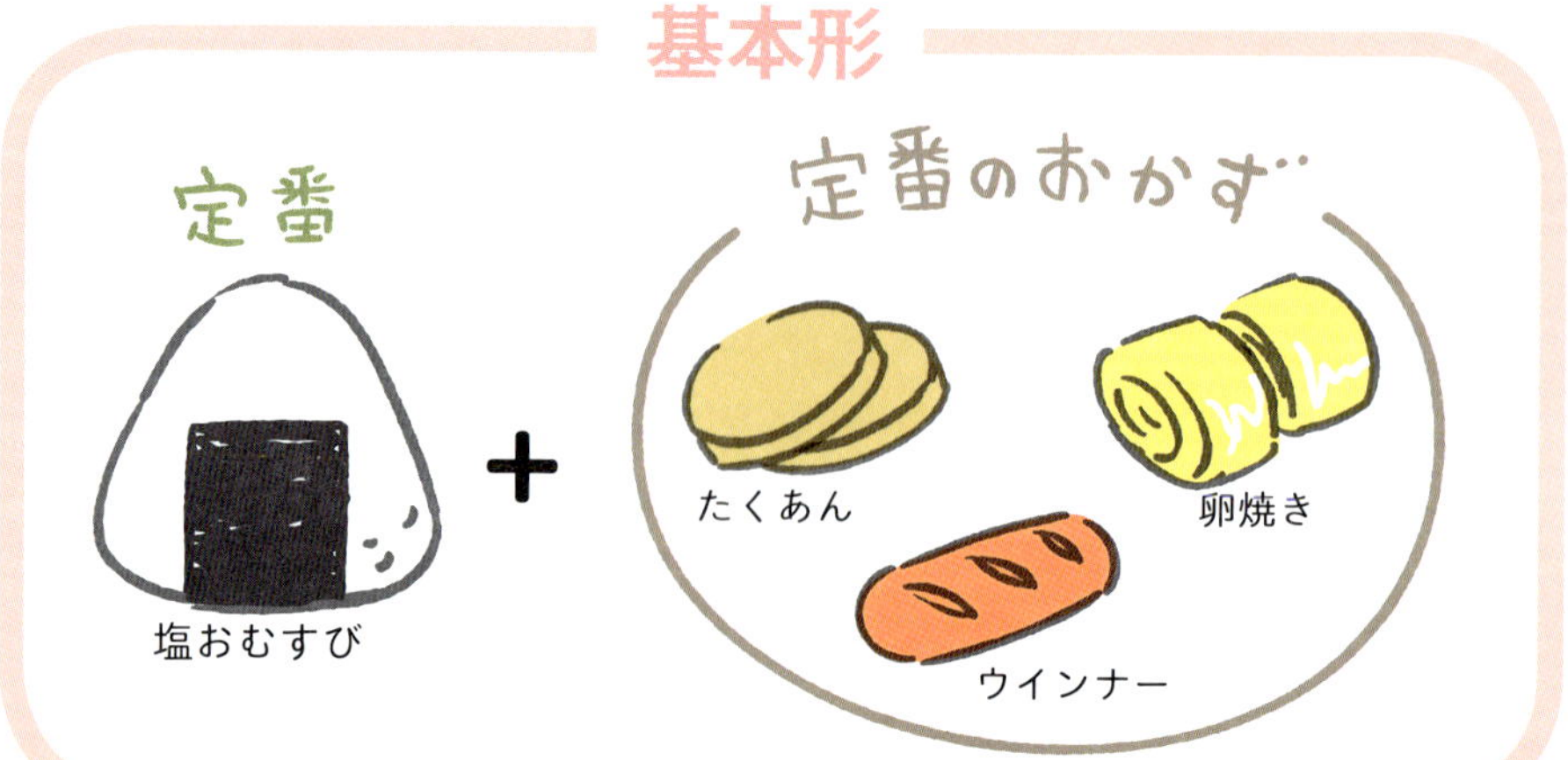
基本形
定番
塩おむすび
+
定番のおかず
たくあん
卵焼き
ウインナー

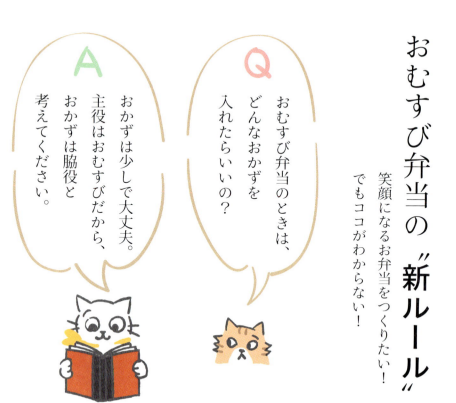

シャケ、昆布など
海系の具
甘みのあるおかず
煮豆
かぼちゃ
きんぴら
ちょっとすっぱい
梅系の具
タンパク質のおかず
鶏のからあげ
ハンバーグ
フライ
煮卵
焼魚
肉そぼろ・天むす
ボリューミー
肉系の具
小さい和風のおかず
つくだ煮
ひじきの煮物
インゲンのごま和え
野菜のポン酢和え
冷凍食品でもいい？
もちろんおっけー！

おむすび映えする黄金比率

Q
ご飯の量は
どれくらい？
おかずの分量は？
A
おむすび弁当の
ときは、いつもより
ご飯スペースを大き
くすると、きれいに
詰められます。

ふつうのお弁当

5：5
6：4
4：6

おむすび弁当

8：2
8：2
3：1

おさらいポイント！
お弁当を詰める・おむすびを包むときの注意は？
冷めてから！
あと、具には
生モノはダメなの
ニャー

おいしく見える器の選び方

きれいに見えるポイント

立てるときは、おむすびの厚みを薄くして、高さを出す。

寝かせるときは、ふわっと握り、厚みを出すようにする。

盛り付けいろいろ

ネコムラ県のネコたちの食卓から　ネコ特派員レポート

	おむすび＋おかず	おむすびのみ	海苔なし・混ぜご飯
曲げわっぱ			
使い捨て容器			
かごやざるを利用		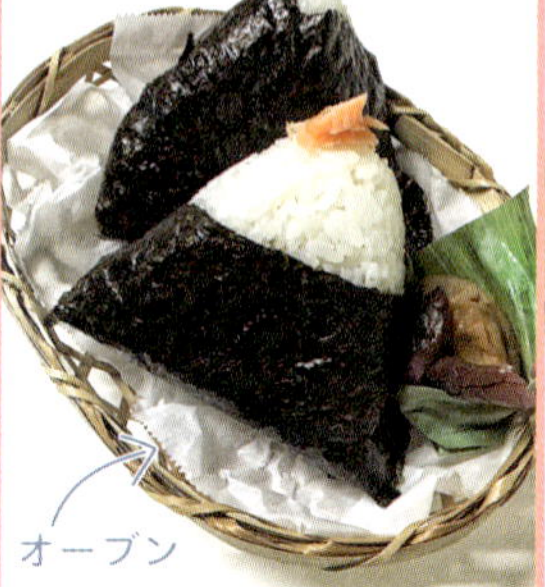	

おむすび弁当と

天むすパーティー

お菓子の空き箱を
再利用ニャ

藍色のお皿
いいよね

木のプレートに竹皮

海苔が着物
みたいニャ

完璧になるプラスワン

プラスワンすべき
3つのお
味噌汁
漬物
茶

おむすびにあともうひとつ何か欲しいな、というときは気の利いたサイドディッシュ（副菜）があれば完璧！具なしの塩おむすびにして、サイドディッシュを付けるのもいい考えです。これは新米の時期に特におすすめ。お米を味わうのにぴったりな方法ですから。

ここでは簡単なものを３つご紹介します。どれかひとつでもいいし、もちろん全部添えてもいいです。とにかくちょこっと添えるだけで、シンプルなおむすびが素晴らしい「ごはん」になります。そんなサイドディッシュの魔法、ぜひ使いましょう。

大丈夫、どれもよく知っているものですよ。

★お味噌汁を付けよう

お米は炭水化物だけでなく、タンパク質やカルシウムなどのミネラル分、ビタミン類など様々な栄養が含まれています。ただ、リジンという必須アミノ酸※が足りません。

このリジンが豊富なのが味噌。逆に、味噌には足りないメチオニンという必須アミノ酸が、お米には含まれています。

ご飯とお味噌汁はこのように、栄養素を補い合うことができる関係なのです。

インスタントでもいいので、おむすびにはぜひお味噌汁をつけましょう。

（※身体の組織や代謝、ホルモン機構の成分としているタンパク質は、20種類のアミノ酸からできています。ところがヒトはそのうちの8種類を体内で作ることができないので、食べ物から摂らなければなりません。これを必須アミノ酸といいます。）

★お漬物を付けよう

お米にはもうひとつ、足りない栄養素があります。それはビタミンC。

たくあんやべったら漬け、ぬか漬けがおすすめ。味噌漬けや福神漬けには含まれないので注意してください。

★日本茶を添えよう

お茶の種類によって風味や栄養素が異なります。
おむすびにおすすめのお茶

○煎茶… 最も一般的なお茶。香り、旨み、渋みのバランスがいい。カフェイン、カテキン、ビタミンCが豊富。
○茎茶… 若々しいさわやかな香りと味わいが特徴。
○玄米茶… 薄めでさっぱりとした口当たり。炒った米の香ばしさと煎茶の味わいの両方を楽しめる。カフェインが少ない。
○ほうじ茶… 香ばしさとすっきりした軽い味わい。口の中の油分を洗い流す効果があるので、脂っこい肉系のおむすびに最適。リラックス効果があるとされるテアニンを含む。カフェインが少なめ。
○番茶… 色が淡いので、ペットボトルのお茶によく使われる。
○粉末茶… 茶葉をそのまま粉にしているので、お茶の有効成分を効率よく摂れる。
※麦茶… 大麦を焙煎しているので、厳密にはお茶ではない。カフェインをまったく含まないので、乳幼児（離乳食を始める頃から可）も飲める。

カレーライス

みんなで並べる

笑顔で食べるところまでが「料理」。
がんばらないで、余裕を持ってゆるくいこう。

- 栄養………× 品数が多い＝栄養がいい
  ○たんぱく質＋野菜があれば肉野菜炒めだけでもOK
- 盛り付け…× ブランド食器が必要　○和か洋か、食器のテイストを揃えるだけで十分
- 献立………× 考えるのが憂鬱、ツライ
  ○たまにはお惣菜を買ってきたり、冷凍食品を利用しよう

第4章のまとめ

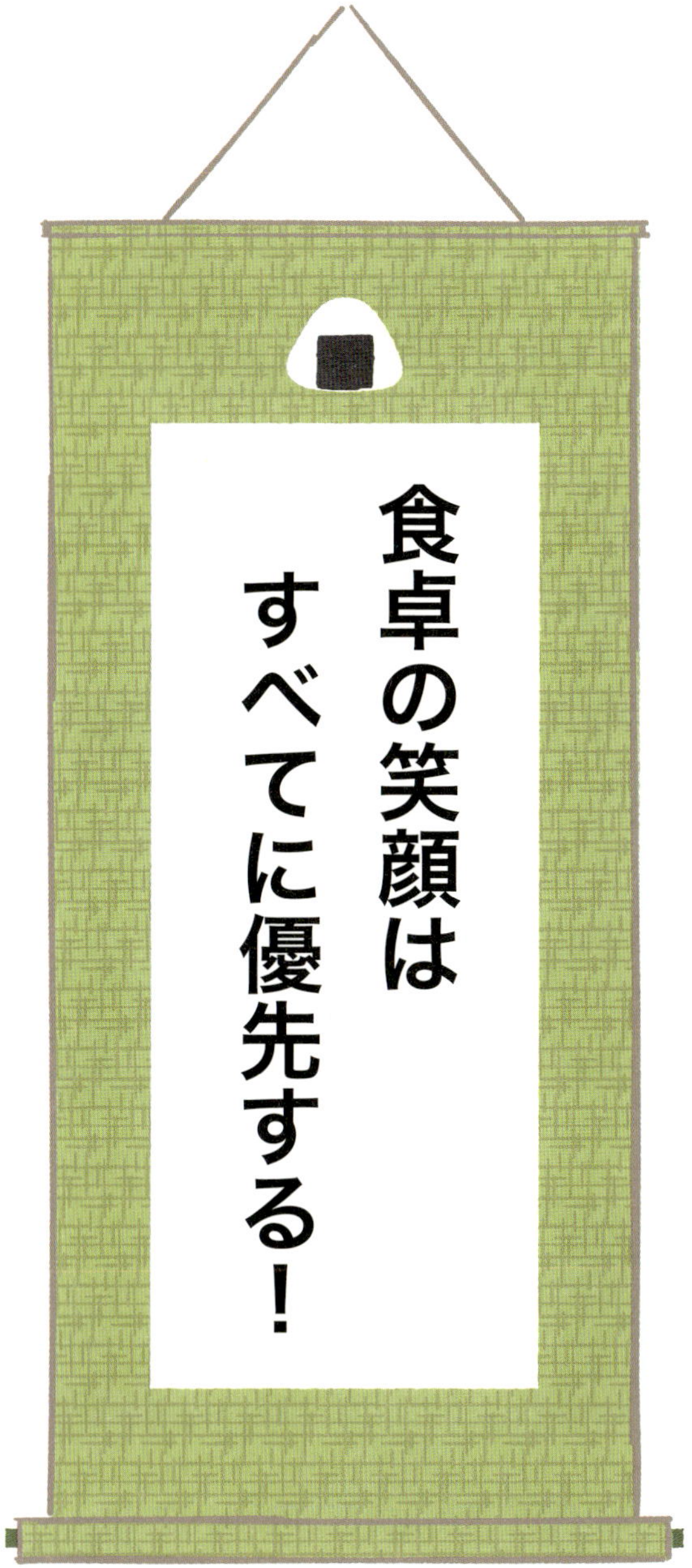

トピックス

楽しい海外のおむすび

日本以外にもおむすび的なお米料理を食べる国があります。

自由に楽しむヒントをもらおう。

イタリアのナポリ名物、アランチーニ。リゾットを使ったライスコロッケ。

ナポリ料理で、リゾットを使ったライスコロッケです。

☆簡単レシピ　ご飯にトマトソースかケチャップを混ぜ、チーズを具にしてひとくちサイズのボール状に丸める。小麦粉・溶き卵・パン粉を付けて揚げ、トマトソースを添える。

台湾のファントゥワン。屋台の人気メニュー。もち米の巻きおむすび。

屋台の人気料理。巻きすのようなシートに広げたもち米にいろいろな具を乗せ、棒状に整えてビニール袋に入れて渡されます。崩れやすいのでビニール袋に入れたまま食べます。

☆簡単レシピ　もち米を混ぜて炊いたご飯をラップに広げ、ザーサイや甘辛い肉そぼろなど芯にして巻き、ビニール袋に入れる。

韓国のチュモクパプ。片手でぎゅっと握って韓国海苔をまぶす。

げんこつ飯という意味の家庭料理。韓国ではチュモクパプ用のふりかけが売られています。お店では、握らずにカップに入ったものや自分で握るスタイルで出されることがほとんど。

☆簡単レシピ　韓国海苔（または味付け海苔）・ふりかけ・ごま油少々をご飯に混ぜて、ボール状に握る。

海外のコンビニで、日本の三角おむすびが並んでいることもあります。具はその国の料理が多いようです。パリにはおむすび専門店があり、某カフェではチョコレートの具のおむすびがあるとか。（ネコ特派員調べ）

第5章

「おいしい」という言葉の魔法

炭水化物は本当に敵なのか？

元気な心と体を手に入れよう

人は食べたものでできている、といわれます。

そんなことわかっているよ、といいたくなる日もあります。

疲れている日もあるし、時間がない日もある。悲しくて食べる気持ちにならない日もある。そんな日もあってもいいと思います。

明日はちゃんと食べよう、と思っていればそれでもいい。

その明日のために、栄養のことをすこし、心に留めておいてくださいね。

★なぜ炭水化物が大切なのか？

ダイエットのために炭水化物は控えている、という人は少なくありませんよね。たしかに食べ過ぎはよくない。

でも「ご飯をしっかり食べなさい」と小さい頃、いわれませんでしたか？

可食部100gあたり

	カロリー kcal	タンパク質 g	脂質 g	炭水化物 g	カルシウム mg	鉄 mg	ビタミンB1 mg	ビタミンB2 mg	食物繊維 g
白米	168	3.5	0.3	36.1	3	0.1	0.02	0.01	0.3
食パン	260	9.0	4.2	46.6	23	0.5	0.07	0.04	2.3
クロワッサン	448	7.9	26.8	43.9	21	0.6	0.08	0.03	1.8
スパゲッティ（乾麺）	378	12.9	1.8	73.1	18	1.4	0.19	0.06	5.4
カップめん（揚げ）	448	10.7	19.7	56.9	190	1.3	0.68	0.53	2.3

※5章で使用している栄養価の数値は日本食品標準成分表2015年版（七訂）追補2018年から引用しています。
一部の食品の数値も上記に準拠して計算されています。

どうして炭水化物を食べないといけないのか、炭水化物の働きから考えてみましょう。

炭水化物は、たくさんの種類の単糖類（糖）が集まってできています。身体の臓器の多くは、脂肪と糖をエネルギー源としています。その中でも脳と神経細胞は、ブドウ糖（グルコース、単糖類）を主なエネルギー源としています。ですから、低血糖になると意識がなくなり、それが続くと神経細胞の障害が起こったりします。

わたしたちがご飯を食べると、炭水化物の中のデンプンが消化酵素でグルコースなどの単糖類にまで分解・消化され、小腸で吸収されます。

こうして吸収された糖質は、エネルギー源になるだけでなく、生命維持のためのさまざまな重要な働きをします。

さらに糖は、アミノ酸（タンパク質）や脂肪へ変換されたりもしています。

エネルギー過剰になると、糖質は脂肪に変換され脂肪組織へと蓄積され、逆にエネルギー不足になると、脂質やタンパク質から糖質が作られます。

こんなふうに、糖質・タンパク質・脂質はお互いを変換し合っています。

だから糖質が極端に不足することは、身体のいろいろな部分に影響が出てくるのです。

うーん、
ぐるぐる
回ってるニャ

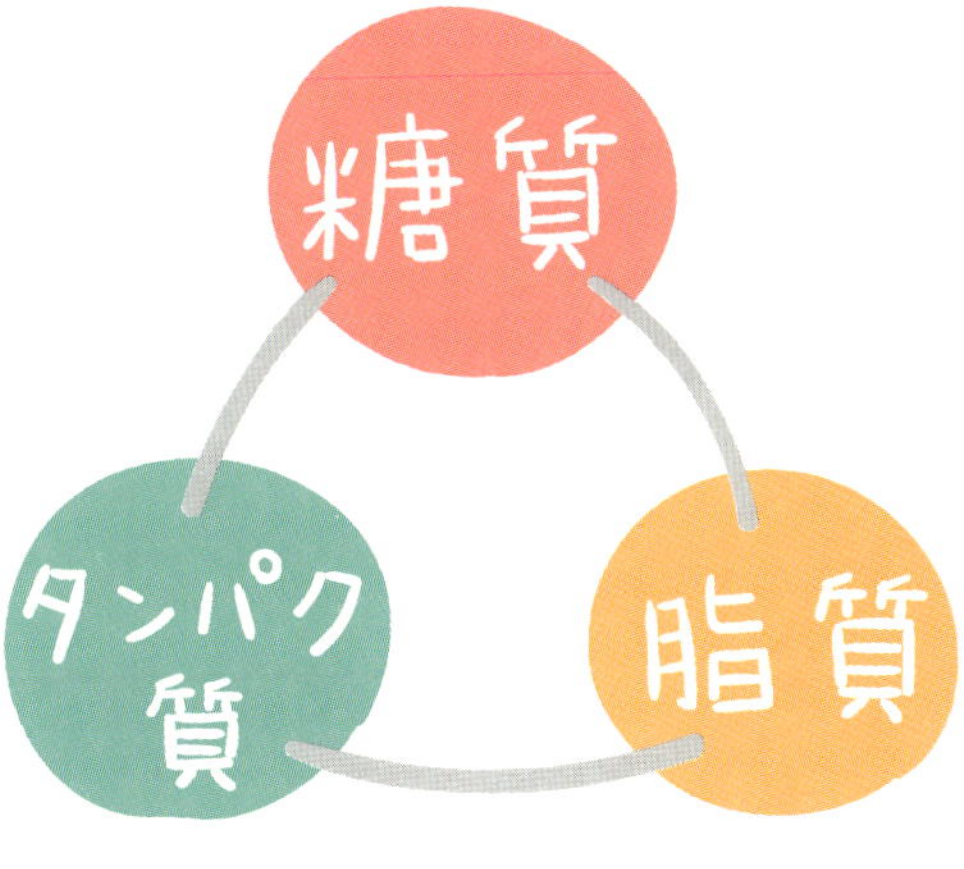
糖質
タンパク質
脂質

おむすびは太るってホント？

これは誤解です。

そもそも太るかどうかは、カロリーや脂質、運動量と代謝が関係しています。炭水化物を食べるから太るわけではありません。むしろ、おむすびはダイエットに向いています。

というのもまず、ご飯は腹持ちがいい。これはご飯が粒食（小麦粉のように粉にして食べない）であることと関係しています。ご飯は、デンプンから糖に分解されるまで時間がかかるため、消化吸収が穏やかで血糖値が上がりにくいといわれています。

そしておむすびは、自分がどれだけ食べたかが一目瞭然。食べ過ぎを防ぐことができます。カロリーも計算しやすいですよね。ダイエット中だったら、具は梅や昆布にし、食物繊維が豊富な海苔やおぼろ昆布で巻いてあるものを選ぶのがおすすめです。

おむすびはスポーツマンの強い味方

ここ10年ほどで、ジョギングやランニングは市民スポーツとして定着しました。ジョギングとランニングの違いは、ジョギングはゆったりした速度で楽しむもの、ランニングは大会を意識して息が上がるくらいの速度で走り込むもの、だそうですよ。

さて、フルマラソンに出たことのある方、30キロあたりでガクッと走れなくなった経験はありませんか？　それはズバリ、スタミナ切れです。これを防ぐのが「カーボ・ローディング」またはグリコーゲン・ローディングです。マラソンに限らず、自転車ロードレースやサッカーなど持久力を要するスポーツで、プロ・アマを問わず広く実践されています。その方法は、試合数日前から炭水化物をいつもより多めに食べるだけ。炭水化物は体内で分解されて、運動エネルギーの源となるグリコーゲンになります。このときに余剰分は肝臓や筋肉に蓄えられ、エネルギー切れを防ぐことができるのです。

簡単なのですが、たとえばカツ丼に牛丼やカレーライスを単純に足すだけだと、明らかに食べ過ぎです。脂質やタンパク質も摂り過ぎ。そこでお勧めしたいのがおむすびです。

いつもの食事におむすびを1つ足す、あるいは食間におむすびを食べる。具は無し、入れても昆布や梅干にして、海苔をぜひ巻いてください。パンやパスタにするより脂質が少なく、効率よく炭水化物を摂取できます。また海苔は食物繊維が豊富なので、カーボ・ローディング時に悩まされがちな便秘も防ぐことができます。

知っておきたいご飯の数字

YOU ARE WHAT YOU EAT

250kcal

カルシウム	5mg
鉄分	0.2mg
ビタミンB1	0.03mg
食物繊維	0.5mg

タンパク質	3.8g
炭水化物	55.7g
脂質	0.5g

ご飯1膳

150g

★身体活動“ふつう”の成人が
1日に必要なエネルギーは

男	18〜49歳	… 2650kcal
	50〜69歳	… 2450kcal
女	18〜29歳	… 1950kcal
	30〜49歳	… 2000kcal
	50〜69歳	… 1900kcal

炭水化物は
総エネルギーの
50〜60%必要
らしいにゃ

ご飯1膳は…

1日に必要なエネルギーの　男 9.5%　女 12.5%

1日に必要なタンパク質の　男 6.3%　女　7.6%

塩おむすび vs. 鮭おむすび

ご飯　塩
ご飯　塩
シャケ（塩鮭）
海苔

179kcal	カロリー	201kcal
39.4g	炭水化物	40.1g
2.7g	タンパク質	5.6g
0.3g	脂質	1.5g
3mg	カルシウム	8.8mg
0.1mg	鉄	0.3mg

鮭の効果！

海苔の効果！
鮭にも入っているが海苔に豊富

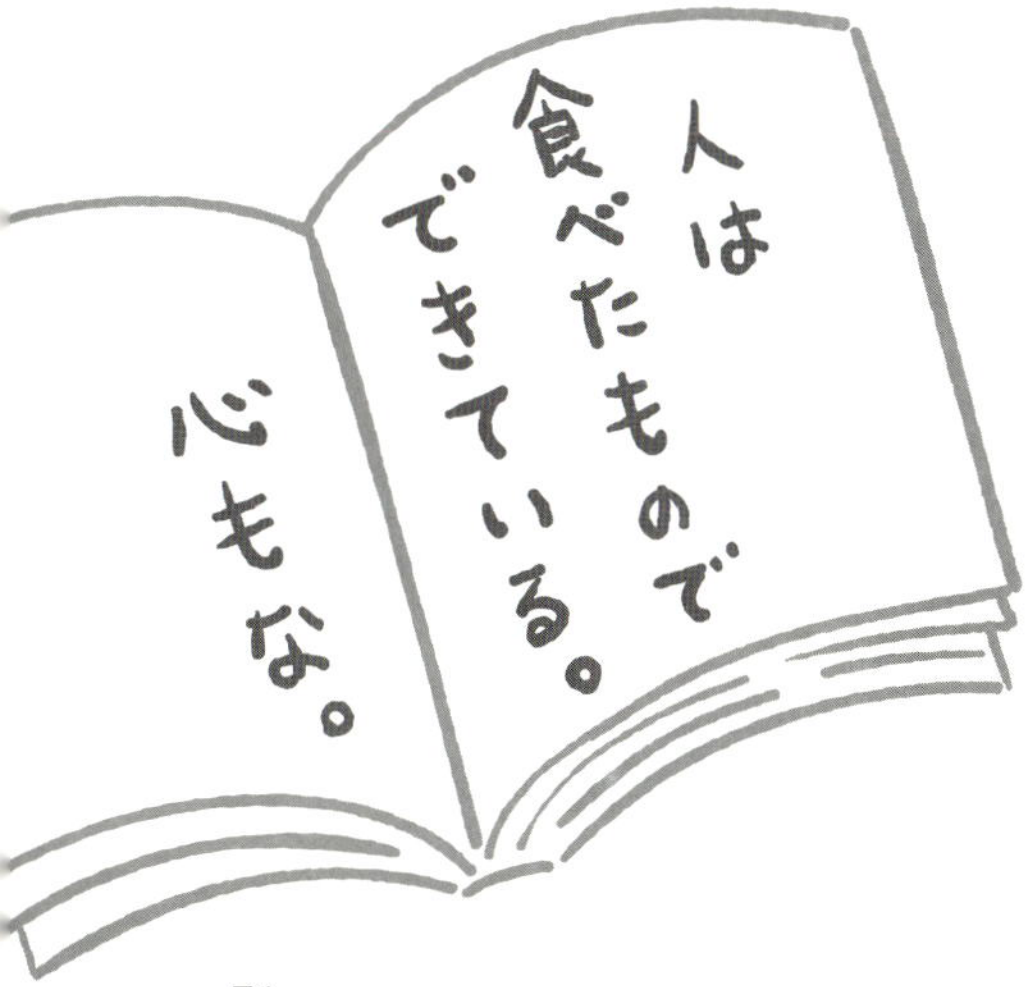

人は
食べたもので
できている。
心もな。

お肉がイイ！
お魚きらい
でもおむすびにしたらおいしいよ

やっぱりほめられたい！

「おいしい」といわせる方法

せっかく作ったおむすび。

ムスッとした顔で無言で食べるのと、「おいしいねぇ」といって食べるのとでは、どちらがおいしく感じるでしょう？

そうです、「おいしい」と言葉にした方が断然おいしく感じます。

なぜなら、おいしさは舌だけでなく、脳でも感じるものだからです（52ページで学びましたよね）。

食事中のおしゃべりはお行儀が悪いんじゃないの？　とか禅寺のお坊さんたちは食事中は私語厳禁だけどどうなの、という意見もあると思います。

昔は食卓でのおしゃべりは慎むものとされていた時代もありました。これは古いイギリスのマナーにならったもののようですが、現代ではイギリスでも会話を楽しむ方がよいとされています。お坊さんたちが私語厳禁なのは、食

おいしいという
言葉を集めてみよう！
役に立つかも
ハオチー！
レカ！
ヤム！　グッド！
デリシャス！テイスティ！

事も修行のうちだからです。

わたしたちは遠慮なく「おいしい」といいましょう。

カンタン・テキトーに作るおむすびでも、作る人は真剣です。

ご飯を炊く、手を使って握る、盛り付ける、と時間と労力を費やして本当にいっしょうけんめいです。

だからほめられたらやっぱり嬉しいし、また作ろうと思えますよね。お料理も他のことと同じ、ほめられることは大きなモチベーションになります。

料理上手への近道は「おいしい」のひと言だといっても過言ではありません。


でも、家族は何もいってくれない。

そういう悩みをよく聞きます。作る側からしたらこんな悲しいことはない。

無理強いするのもよくありませんから、自分から「これ、おいしいねぇ」といってみましょう。

もし反応が悪かったとしても、相手には「おいしい」という言葉がインプットされます。これはけっこう大事なことです。

記憶の片隅にしまった言葉をいつか、ひょいと取り出す日が来るかもしれません。

もうひとつ、いい方法があります。

ゴスドーゾ！

ボーノ！

ケ・リコ！

フクースナ！

セボン！

ゴッツ！

たとえばお弁当だったら、「今日のお弁当でいちばんおいしかったのは何？」と聞きましょう。

ここでポイントとなるのは「今日のお弁当どうだった？」と聞かないこと。

おいしかったものは？　と聞かれることで、相手はおいしかった記憶をなんとか掘り起こそうとします。

どうだった？　と聞かれると、塩気がいまひとつだったとかお肉が硬かったとか、おもしろくなかった記憶が先に立ちます。

でも、おいしかったものを考えるときには、卵焼きがふわふわだったとか、そういえば好きな鶏のから揚げが入っていたなとか、もちもちした甘いご飯だったとか、嬉しかったことを思いだします。

たとえ無理やりひねり出すとしても、きっと、ちょっぴりしあわせな気分になる。いわれたあなたも。

「おいしい」という小さな言葉には素敵な力があるのです。

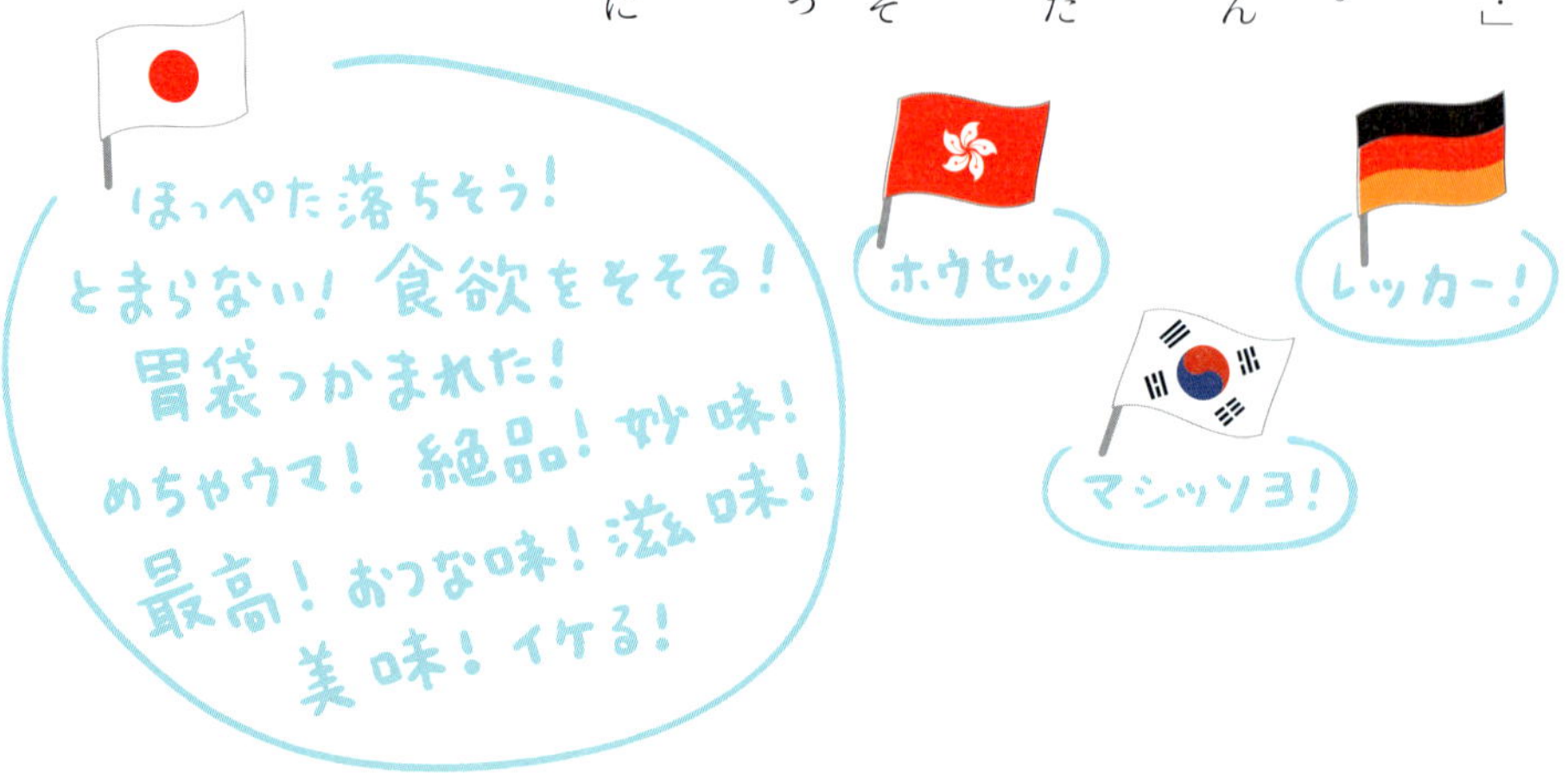

料理が楽しくなる方法

楽しいはおいしい、おいしいは幸せ

毎日のお料理は基本的に孤独な作業です。
ひとりで作って、ひとりで食べる。ひとりで作って、あっという間に家族が平らげる。
ひとりで作って、ひとりで後片付けして、ひとりで明日のお弁当の用意をして…
泣きたくなることもありますよね。

つまらないな、空しいな、と思うことでも続けていくことには意味がある。
それはわかっている。
でもたまにはほめてほしいし、感謝されたい。役に立っていることを実感したい。
そう思うことは悪いことではありません。
ただ、寂しいトラップにかかると脱出するのはたやすくない。
それに、やっつけ仕事的にしたお料理は、決しておいしくできない。

だから提案します。
毎日のお料理を、日々のごはんを、ちょっぴりでいいから楽しみましょう。
食卓に並べるのが買ってきたお惣菜だとしても、前の晩の残り物だとしても、
楽しむヒントはきっとどこかに隠れています。

お料理がしんどいときは、おむすびにするのはどうでしょう？

おかずが無くたっていいじゃありませんか。

「今日はおむすびデー」と宣言したら、きっと楽しくなります。

カナッペ風に、小さい塩おむすびにいろいろな具を乗せたり、海苔で顔を描いたり。

家族を巻き込んで、違う大きさのおむすびを食べ比べるのもおもしろいです。

ひとくちサイズのおむすびと、両手で持つくらいのジャンボおむすびを作ってみましょう。

ミニサイズはぱくっと食べられるので、全体のバランスがよくわかります。

かぶりつくジャンボおむすびは、ご飯の個性やおむすびのディテールがはっきりします。

おむすびには、作った人のひととなりが映し出される。

だから、こうでなくちゃという正解はないのです。

誰でも好きなように作って自由に食べていい。どのおむすびもみんないとおしい。

おむすびを通して、作る人や食べる人の意外な一面が見えるかもしれません。

不思議なのは、ご飯をそのまま出してもおもしろくもなんともないのに、
おむすびにしたとたん、わたくしいいたいことがございます、とおしゃべりになること。
遠足のおむすびは「楽しんでる？」と親みたいなことをいうし、
塾弁や夜食のおむすびは「がんばりなさいよ」という。
雑然としたデスクで広げるおむすびは「ひと息入れようよ」と声をかけてくれ、
仕事の出先で会うおむすびは「調子どう？　無理しないでね」と励ましてくれる。
反抗期真っ最中の息子が作ったおむすびは「いつもごめんね」と照れた顔をし、
疲れた顔の妻に夫が作ったおむすびは、無言でそっと心を抱きしめてくれる。
天国のあの人が作ったおむすびは、「いつも見ているから」と優しくほほえむ。
そんなおむすびたちのおしゃべりが聞こえるかどうかは、あなた次第。

お料理するのでも食べるのでも、
見かけはあなた一人だとしても、独りではないのです。
それがおむすびなら、なおのこと。
だから提案します。
日々のご飯時間を楽しみましょう。ささやかなおむすびの時間を大切にしましょう。

みんなの とくべつな おむすび

SNSなどでみなさんから「とくべつなおむすび」を募集しました。どのおむすびにも大切な物語があります。人生の数だけ、素敵なおむすびがある！

Instagram　Facebook　Twitter

@mzk.nk：素手で握った粗塩むすび。

市川米店：遠足でみんなとワイワイ食べた焼鮭のおにぎり。

GO：中高生の頃、母、祖母が朝から多忙な時、祖父が作ってくれた特大筋子入りのおむすび。

T.Katsumi：バタつく日の朝、まぁるいおじさん（旦那氏）が拵（あつら）えてくれる、まぁるいおむすびの具だくさん。私の元気玉。

まる：祖母が握ってくれたほんのり塩味の見事な小判型のおむすび。あの形は真似できませんでした。

devilwearscher：子どもの頃食べたお母さんの塩むすび

遼/RYO：南魚沼で食べた炊きたての新米。上手に炊けば塩すら要らないのかとびっくりでしたよ。

夏パパ：もう食べることのできない思い出の中にあるおむすびです。

丸山博：俺ん家のたんぼ道で、握り飯を口いっぱいに頬張って欲しい。その握り飯はここで育てた米だよと自慢したい。

いつゆめ：子供の受験日、小腹が空いた時のために握ったおむすび。色んな気持ちでむすんだこと、忘れられません。

ゆき：塩むすびに焼き海苔。アルミホイルに包んでお昼に食べるあの感動。…にぎってお出かけしたいな♡

@nao.2830：昆布と昆布茶で米を炊き昆布の佃煮を入れ握り、帯状に削ったとろろ昆布で巻いた特別なおにぎり。

佐藤優希：母特製のおかかおにぎり。どこを齧（かじ）ってもおかかに出会える思い出のおにぎりです。

hippo：母が握ったおかかおむすび。単純なのに自分で同じものは作れない、もう食べられない恋しい味。

西包子：小学生の頃家族で小登山した頂上で食べた母手作りのおにぎり。あれ以上美味しい食べ物に出会いません。

MANAMI＊3年生：おばあちゃんが握ってくれた塩にぎり。新聞に包まれていて、インクの匂いが移っていたのが好きでした。

@arpeggio51：母が作る炊きたてを握る塩むすびと焼き網で焼く醤油が香ばしい焼きおにぎり。自家製漬物。息子達も大好き。

@db_hisa_Seven 部活に持って行った、アルミホイルに包んだ巨大おにぎり。具は昆布、おかか、シャケ、かな。

佐藤暁子：学校が厳しくて遠足のお弁当はおにぎりのみ。その時だけお米がコシヒカリになるのが楽しみでした。

みもざ：幼稚園の時分、おやつの時間に出た丸、三角、四角の塩おむすび。どれにするか選ぶ時間が楽しかったです！

@ak_akko お祭りのとき、おばあちゃんたちが握ってくれる、塩加減強めな焼鮭のおむすび。神輿をかいだ体に染みる！

まめもち：高校時代の貧乏旅行で友と分け合って食べた（塩鮭･梅干）おむすび。海苔の香りが印象に残ってます。

@tkeniti：私のとくべつなおにぎりは子供の頃に薪で炊きたてのあつあつのおこげのおにぎりです。また食べたいです。

長谷光展：梅干、白ごま、シラス、大葉の混ぜご飯を、とろろこんぶで包んだ俵型のおにぎりが大好きです。

@rollmamaco やっぱり、新米を手に藻塩をつけて握ったおにぎり。具材は入ってないけどシンプルで一番好き♡

勝朝子：小さい頃、母が残り物のご飯でおやつ代わりに握ってくれた味噌おむすび。マイルドな白味噌が好きでした。

tt：5歳だった息子がちっちゃな手で握ってくれたちっちゃなおにぎり。また食べたいな。特大でもいいよ。

から：大家さんに頂いた新米を土鍋で炊いて塩おむすびに。あの美味しさは幸せの定義に入れたいです。

のっきぃ：父が握る塩加減絶妙なおにぎり。海苔は香ばしくお米はかみごたえよし。私たち姉妹にとってご馳走でした。

アサタ：家族で海に行く時の定番の塩気が多めのご飯に梅干のおむすび。アルミホイルに包まれた思い出の味です。

西村善行：カンナの葉っぱ。お弁当のおむすびを葉っぱで結んで持って行きました。

むーこん：実家で食べる鮭のおむすび。定年後の父が母の故郷のコシヒカリで毎朝母に作るように。娘もずっと食べたい。

相馬雅弘：お婆ちゃんが作ってくれた「味噌おにぎり」。丸いおにぎりに手作り味噌を塗っただけ。思い出の味です。

hiro：小学校スキー遠足、氷点下のロッジで食べたお母さんのおにぎりが忘れられません。しゃっこいおにぎり。

Naoko Goto：ストーブの上に網を乗せて焼いて食べた、味噌が香ばしいけんさ焼き。コンロで焼くより、ストーブだよね！

大嶋康司：紫蘇おにぎり…軽く塩とまぶした紫蘇の実をご飯と混ぜ、塩漬けした大葉で包み込む。フムフム絶品！

Kuniko Milhous：ワインバーで最後にお願いする大好きなおにぎり。具はなんでもいい。シェフが握ってくれる優しいおにぎり♡

上沼三紀子：小学生の時に苦手を克服すべく考案した梅干おにぎり。ご飯に梅肉、大葉、醤油少々をかけたおかかを混ぜる。

小池容子：ふっくら感と自家製梅干の塩梅が世界で唯一の母のおむすび。帰りに食べなと渡されるのはあと何回だろう。

とくべつをさがして

食べるということは、あなたにとってどんな意味がありますか？
あなたはあと何回、ごはんを食べると思いますか？
どんな生き物でも生きるために食べなくてはなりません。
栄養補給という意味では、食事はサプリメントや点滴だけでもいいのかもしれない。
あるいは、1日1粒で栄養は完璧というクッキーができるかもしれません。
そうやって作る手間を省き、食べる時間を節約できたとして、
人生は今よりどれくらい豊かになるのでしょう？

You are what you eat.
「あなたはあなたが食べたものでできている」という意味のアメリカのことわざです。
健康的な食事を推進する場面でよく使われます。
でも身体だけでなく、心も食べたものでできています。
どんな場所で誰と食べたか？　どんな匂いでどんな味だったか？

そのときどんな気持ちだったか？
そうした小さな記憶のひとつひとつが心を作っています。
だとしたら、その記憶のかけらのすべてといわなくても、
いくつかはキラキラしていてほしいと思いませんか。

お料理をおいしく作るには、どうしても必要な知識があります。
正しいやり方でご飯を炊く、おでんの大根は下ゆでしてから味付けするなどです。
知識はあった方がいいけれど、でも、食は自由でいい。
冷凍食品や便利なソース・食材セットを使う、
それでもいいのです。
窮屈なことは楽しくない。楽しくないことは続かない。
楽しくお料理して楽しく食べるのがいいですよね。

お料理が嫌い。
それは仕方がない。誰にでも苦手なことはあるものです。
嫌いなことを好きになるのは難しいけれど、
おもしろいなと思えるポイントを見つけることはできます。
たとえば運動が大嫌いなのに、健康上の理由から歩かなければならないとき。

ネコの集会に出くわすという、かなりレアな体験をできるかもしれません。
食べることに興味がない。
これも仕方がない。でも食べ物に興味がなくても、
楽しかった食事や飲み会の思い出はひとつくらいありますよね？
それがあれば大丈夫。食を楽しめる人だと思いますよ。
病気で好きなものが食べられない。
つらいですよね。心の中にしまってあるおいしかった思い出、楽しかった記憶が
あなたをそっと支えてくれますように。
大切な存在を失って、食べる気持ちにならない。
そんなときはどうか無理しないで。もしすこし元気が出たら、
ご飯を炊いて、小さなおむすびを作って食べてみてください。
誰かに作ってもらってもいいです。
あなたの悲しみにおむすびが寄り添ってくれます、きっと。

そして、あなたの隣にお腹が空いている人やつらい気持ちの人がいたら、どうか
おむすびを作ってあげてください。あなたの「おいしい」を届けてください。
気持ちを結ぶおむすびは、食べる人にとって「とくべつなおむすび」になるでしょう。
作ったあなたにとっても、「とくべつ」になるはずです。

おむすび

いっしょに食べるしあわせ

たまには誰かといっしょに作ろう、食べよう。
楽しくお料理したら、きっと元気になる。

- ×食事は栄養補給だ →○ 食事はカラダだけでなく心も豊かにする
- ×家族は好き嫌いが多いから作らない →○ 苦手食材をいっしょに料理する（興味が出てきっと食べたくなる）
- ×わたしばかり料理して損だ →○ 料理は家族の幸せをそっと支える素敵な仕事

第5章のまとめ

終わりに

ネコ集会
生まれながらにして料理の上手下手の別なし。ただ
ペラ
おむすびを学ぶと料理が楽しくなる
うん
うん
うん
じゃ かえる
またね
家へ帰ったネコたちは…
そうそう！
やさいもいれて完成♪
ウマー
…
…
そしてシロは…
きゅっ
ふわっ
いらっしゃい！
きたよー

（※似ているかもしれない人物：福沢諭吉1835-1901　夏目漱石1867-1916）

6ページのこたえ

☑ ✗お米を研ぐ→○お米を 洗う

今のお米は精米技術が高いので、昔のようにゴシゴシ研ぐ必要はありません。むしろお米が割れてしまいます。ささっと洗う程度でOK。特に新米は手早くやさしく洗ってください。

☑ ✗炊飯器は白米モードで炊く→○ 急速モード で炊く

炊飯器の通常モードは〈吸水＋炊飯〉をしてくれます。が、１時間吸水（浸水）させてから、急速（お急ぎ）モードで一気に炊き上げる方がおいしく炊けます。

☑ ✗おむすびはラップで包む→○ アルミ箔 で包む

アルミ箔でふわっと包むと、おむすびの表面はほどよく乾き、中はしっとりもっちりしておいしいですよ！　ラップの場合は冷めてから、握るときに使ったのとは別の新しいラップで包みましょう。

☑ ✗おむすびは太る→○ ダイエット に最適！

ご飯（炭水化物）は身体の中でさまざまな重要な働きをします。おむすびにすると、栄養バランスがさらによくなります。脂質が低く腹持ちもいいので、減量時におすすめです。

☑ ✗おむすびに合うのはお茶か味噌汁だけ

→○おむすびは ワインやコーヒー にも合う！

たしかに最も合うのはお茶やお味噌汁です。でも洋風の具のおむすびはワインに合うし、肉系や油っこい具はコーヒー（無糖）も意外と合います。自由に楽しみましょう。

あとがき

ポール・ボキューズ（Paul Bocuse, 1926-2018年）というフランス料理界の巨匠がこんなことをいっていたそうです。食事というものは楽しくあるべきで本来とても幸せなものだ、わたしは幸せな時間は他の人と分かち合いたい、と。正確ではないかもしれませんが、そうした精神を守ってきたのがリヨンにある彼の三ツ星レストランなのだそうです。素敵な言葉だと思いませんか？

この本を読んで、おむすびを作ろうという気分になってくれたら、とても嬉しいです。でもあなたがお料理をしてもしなくても、ほんとうはたいして重要じゃない。大切なのは、毎日の食を楽しむこと。この本とおむすびがいくらかでも役に立つといいなと思っています。あなたの明日が今日よりすこし楽しくなりますように。

最後になりましたが、この本はツキシロクミという素晴らしいパートナーがいたからこそ形になりました。キクロス出版の山口さんにはだいぶわがままを聞いていただき、支えていただきました。また、多くのお米業界のみなさん、神奈川県川崎市の小島米店さん、中村精米店さんには大変お世話になりました。この場を借りてお礼申し上げます。

「とくべつなおむすび」を投稿してくれたみなさん、Twitter・Instagram・Facebookのフォロワーのみなさんにも、感謝の気持ちを伝えたく思います。そして、わたしの活動をずっと支えてきてくれた「キッチンひめ」のスタッフのみんな、彼女たちがいなかったらここにたどり着くことはできませんでした。ありがとう。

こうしたたくさんの方々の食に対する想いを大切に集めて、この本ができたことを誇りに思います。

ではみなさん、おいしいご飯で楽しい「ごはん時間」を！

二〇一九年夏

たにりり

ツキシロクミ

付録

お米屋さんに行ってみよう

お米屋さんを利用したことがない方、勇気を出して行ってみてください。たいていのお米屋さんは優しいですよ。個人客だけでなく飲食店や学校、保育園、病院などにも配達しています。だから町のことに詳しい方が多いです。

Q お米をたくさん買わないとダメ？

A 店頭精米をしているお店は、1キロから（分づき米は2キロから）販売するお店が多いです。

Q 種類がたくさんあって困ります。

A 大丈夫、それこそお米屋さんの本領発揮です。モチモチが好きとかお弁当に入れたいとか、希望をざっくり伝えればOK。

Q 重いから持って帰るのがイヤです。

A ほとんどのお米屋さんは配達してくれます。配達エリア内無料というお店も多いので聞いてみてください。

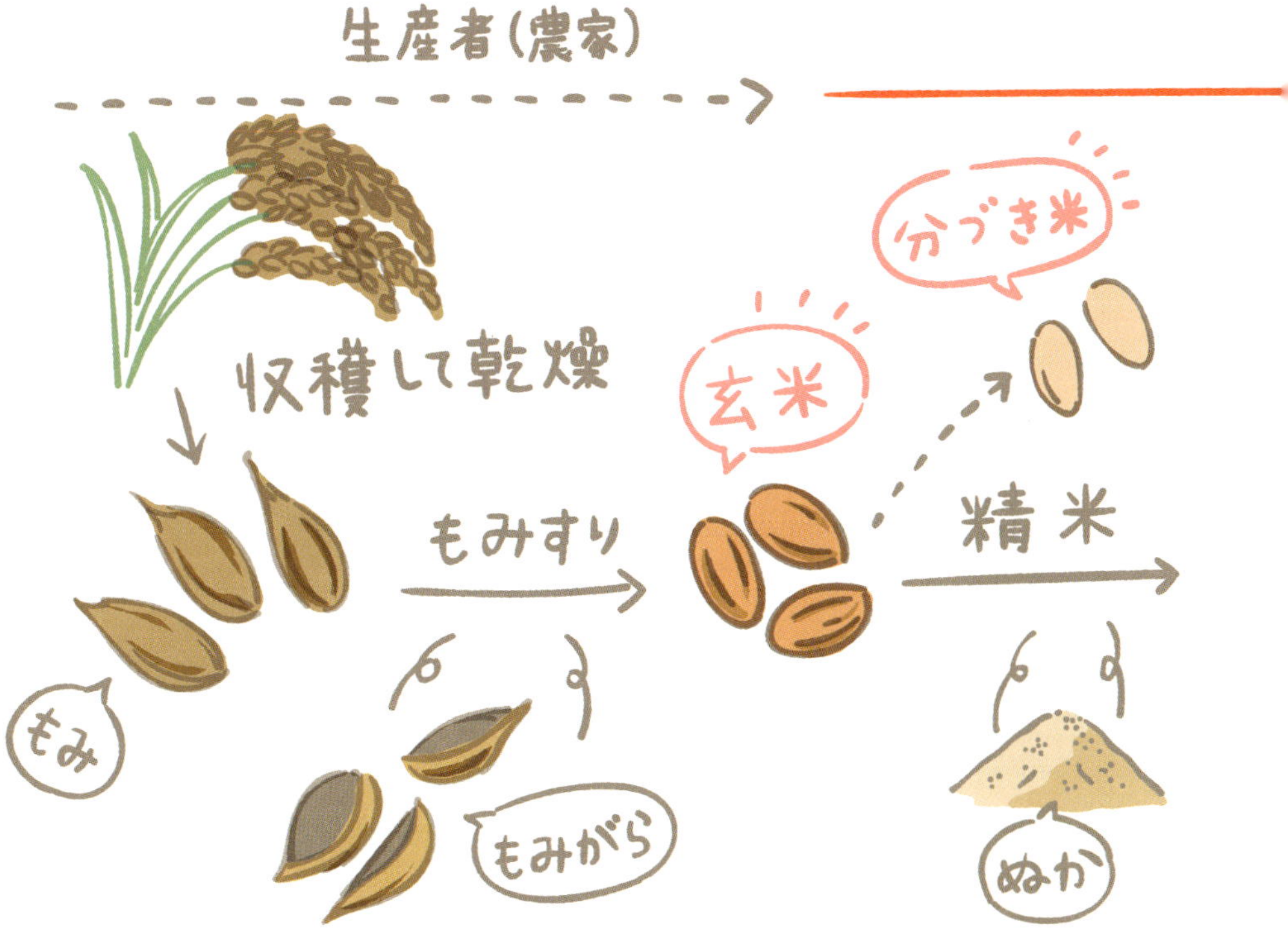

Q カード決済できますか？

A お店によります。最近はカードや電子決済ＯＫというお店やオンラインショップがあるお米屋さんが増えています。

Q 玄米とか七分づき米を買いたい。

A 玄米はほぼ必ずあります。分づき米は店頭精米をしているお店なら可のところが多いですが、一応お問い合わせください。

Q 家庭用精米機を買いたい。

A お米屋さんでは売っていません。家電量販店や電気屋さんにお問い合わせください。

Q 家庭用精米機の長所・短所を教えてください。

A 長所は食べる分ずつを精米できること。短所はお米屋さんでは精米後にさまざまな処理をするので（上図）見た目も味も格段によくなりますが、家庭用にはそうした機能はほとんどないことです。

米よし食糧(有)　大阪市西成区天下茶屋東2-13-25
谷口米穀店　池田市伏尾台3-4-1-120
(株)コメニティ青山台米穀店　吹田市青山台2-1-11
はたの米穀販売(株)　茨木市三島丘2-9-5
笹井食糧(株)　高槻市富田町6-12-39
(株)ひもと米穀　大東市赤井2-16-5
(株)ジャパン・ラオフード　四條畷市二丁通町21-4
源米穀店　東大阪市友井3-6-1
ひらた米穀店　大阪府東大阪市岩田町3-5-15
(有)八尾五穀　八尾市太田5-24
根っこや　柏原市大正3-1-35
桝田米穀店　大阪府藤井寺市惣社1-12-59
(有)田守商事　堺市美原区阿弥110-4
トラとウサギの茶飯事　堺市堺区二条通2-17
髙田米穀店　泉南郡熊取町五門東2-4-3
(有)河中米穀店　堺市堺区出島海岸通2-6-2
情熱米穀店　堺市堺区大町東3丁2-21サンワード21405号
ハタヤス株式会社　高石市千代田1-24-11
(株)柿本　岸和田市大手町2-10
岸本米穀店　貝塚市津田南町18-5

●兵庫県

長谷米穀店　神戸市中央区国香通5-2-28
北勝精米所　神戸市兵庫区矢部町12-10
(株)いづよね　神戸市東灘区御影塚町2-24
(株)エビス　伊丹市鴻池5-1-20
髙井米穀店　宍粟市山崎町鹿沢132-2
平野商店　明石市大観町14-11
ニシタ米穀(株)　加古川市別府町新野辺1247

●奈良県

ひかり屋　奈良市帝塚山南1-16-19
清水米穀店　生駒郡三郷町勢野東4-1-10
リカーショップたけだ　生駒郡三郷町立野南2-15-33
秋田屋　大和郡山市小泉町971

●和歌山県

(有)らいすぴあ・いぐち　和歌山市有本20
竹内米店　田辺市下万呂411-5
東又米穀店　橋本市東家2丁目2-24

●鳥取県

中嶋米穀(株)　鳥取市千代水4-3
(有)米村商店　鳥取市緑ヶ丘2-671-30
嶋田米穀(株)　鳥取県倉吉市不入岡85-1
(有)岩崎米穀　米子市旗ヶ崎3-2-16
(有)おき　東伯郡琴浦町赤碕1144-14

●島根県

(有)土中米穀店　隠岐郡隠岐の島町中町出雲結の上49-10
(有)原田米穀　松江市雑賀町553
(有)物部米穀店　松江市南田町52
真庭米穀店　益田市栄町1-9
沼田米穀店　松江市東出雲町揖屋1146-2

●岡山県

(有)松本食糧　津山市小田中1310-12
(有)高橋米穀　津山市高野山西1559
坂本米穀店　笠岡市富岡636
(株)四方一商店　真庭市栗原1343

●広島県

食協(株)　広島市南区松川町5-9
(株)穀彩庵　広島市安佐北区深川町2-44-26

●山口県

(有)小野商店　山口市下小鯖2470
津村米穀店　宇部市野中1-3-13
はくのや米穀店(株)　宇部市西琴芝2-10-23

●徳島県

(有)前田食糧　三好市池田町中西ナガタ58-3

●香川県

(有)峯食糧販売所　坂出市京町2-1-49
としちゃん家の米　三豊市三野町下高瀬1740-1

●愛媛県

(株)なかむら　松山市立花3-2-24
三虎食糧　伊予郡松前町北川原895-5
(有)かんこめ　西条市朔日市554-2
ライスピア米藏(有)盛実米穀　西条市福武甲1176
(有)髙井米穀　西条市小松町新屋敷甲2216

●福岡県

原口米穀店　北九州市門司区大里東4-13-38
原口米穀(株)　北九州市八幡西区下上津役2-4-10
(株)エフコープ・ライスセンター　糟谷郡篠栗町篠栗4826-1
(株)博米　福岡市博多区堅粕2-13-14
(有)屋部商店　福岡市城南区友丘2-2-45
(有)武井米穀店　福岡市南区大橋4-23-1
楢崎米穀店　前原市前原西4-6-21
納富米穀店　糸島市二丈深江903-2

●長崎県

広瀬米穀店　長崎県長崎市岩川町10-12
ひびお商店　佐世保市須田尾町3-20

●熊本県

(資)中嶋商店　熊本市八景水谷1-23-29
ミヤタ(株)　山鹿市古閑868-3
(株)ふじき米店　人吉市上薩摩瀬町918

●宮崎県

(株)ミヤベイ直販　宮崎市佐土原町下那珂字下ノ山2940番32
福田米穀店　宮崎市橘通東3-3-7

●鹿児島県

鹿児島パールライス(株)　鹿児島市南栄3-17-1
(有)原田米店　薩摩川内市樋脇町市比野2454-1

●沖縄県

(有)麦飯石の水　浦添市西洲2-6-6組合会館1F
(株)仲間米屋　浦添市港川2-22-5
穂の香　那覇市長田2-8-12

(2019年5月現在)

●長野県
(有)こめや東町　長野市三輪1332-1
(株)米匠　長野市松代町東寺尾2971
(株)清水製粉工場　長野市篠ノ井小松原131
越米穀店　長野市豊野町豊野901-1
丸叶小口商店　岡谷市南宮1-2-31
●岐阜県
馬渕米穀店　揖斐郡大野町黒野625
(株)桔梗屋　岐阜市長良校前町1-11
下呂食糧(企)　下呂市森1054-4
●静岡県
(有)長谷川多作商店　沼津市東間門2-3-6
(有)松井米店　裾野市茶畑443-2
川井米店　三島市日の出町6-13
(有)川井米店　三島市日の出町6-15
(有)マルヨ商事下山商店　駿東郡長泉町下土狩437-1
(有)ナツガ　御殿場市川島田171
(有)土屋米穀店　熱海市下多賀447-1
(有)はぎわら　伊東市八幡野686
静岡中央食糧(株)　静岡市葵区駒形通4-4-6
米穀(企)　五番町販売所　静岡市葵区五番町6-3
松田米店　静岡市葵区春日町86
(株)米のジャンケンポン　静岡市葵区北安東5-33-15
(株)マルサ佐野商店　静岡市葵区北安東5-23-26
(企)安東米店　静岡市葵区安東2-20-24
(有)三浦商店　静岡市駿河区宮本町4-5
すずき米屋　浜松市西区大人見町12-609
お米屋城北　浜松市中区城北2-21-4
(株)米寅　浜松市北区三方原町1726-7
(有)大村米店　浜松市浜北区貴布祢1520-5
(有)小林商店　袋井市掛之上5-15
●愛知県
(株)ヤマサン　豊橋市下地町字豊麻27
間瀬木商店　豊川市諏訪3-142
(株)六名米穀店　岡崎市六名3-4-11
いな米店　岡崎市上六名1-13-2
(株)渡辺米穀店　岡崎市矢作町市場62
おくや米店　碧南市天王町7-5
刈谷白米(株)　刈谷市宝町3-3-12
早川米穀店　清須市土器野新田335-4
加藤商店　名古屋市中村区則武2-26-13
石川米穀店　名古屋市中村区太閤1-16-5
(株)安達商店　名古屋市中村区大正町3-36
(資)伏繁商店　名古屋市中川区伏屋5-210
(株)水車屋商店　名古屋市緑区横吹町1801
伊藤米穀(有)　名古屋市中区伊勢山2-7-5
(株)米由　名古屋市東区泉1-16-3
(有)石うす屋中村米穀　名古屋市東区新出来1-5-5
(株)ヤマコウ　名古屋市千種区仲田2-14-23
(有)小川屋米穀店　名古屋市千種区天満通2-30
(有)サンサンライス　名古屋市天白区植田3-1518
(有)和穀　豊田市井上町10-99
(有)米豊商店　大府市明成町2-6
(株)大黒屋　丹羽郡扶桑町高雄宮前220
(有)萬節　小牧市小牧新町2-285
スズリョーベルックス(株)　瀬戸市銀杏木町68
下津米穀店　稲沢市下津寺前町11
米浩加藤商店　稲沢市西町3-9-21
(有)サンライス　津島市蛭間町西屋敷971
●三重県
(有)ライスハウスいとう　桑名市星川923
(有)米常　松阪市垣鼻町1303
●滋賀県
(有)宮久米穀販売店　大津市本堅田1-23-1
橋本米穀店　高島市今津町今津1651-3
若井農園　蒲生郡竜王町鏡672
(株)駅前米屋　栗東市高野上前田41-1
西木米穀店　草津市野路町434
●京都府
(株)八代目儀兵衛　京都市下京区西七条北衣田町10-2
津田米穀　京都市下京区西七条東石ケ坪町83
竹谷米穀店　京都市上京区上長者町通浄福寺西入新柳馬場頭町529
中央米穀(株)　京都市中京区甲屋町390
お米のたけうち　京都市中京区西ノ京藤ノ木町4
団兵衛五十川商店　京都市左京区岩倉三宅町425-4
小泉米穀(株)　宇治市伊勢田町南遊田1-2
米弥長谷川米穀店　京都市伏見区深草藪之内町47
一本松林米穀店　京都市伏見区深草極楽寺町6
玄米屋うえとみ　八幡市八幡柿木垣内1-14
米COME･HOUSEふじばやし　木津川市相楽城下144-7
(株)藤勝商店　南丹市園部町宮町52-1
(有)森米穀販売所　舞鶴市森872-2
●大阪府
(有)藤井米穀店　大阪市淀川区木川東4-13-1
北陽米穀(株)　大阪市東淀川区豊新4-25-3
(株)サンエー　大阪市都島区毛馬2-6-25
古谷産業(株)　大阪市都島区都島本通4-1-29
岡本の米屋　大阪市城東区関目3-7-17
だいき商店　大阪市東成区深江北2-2-28
山下食糧(株)　大阪市東成区中道1-5-29
木村米穀今津中店　大阪市鶴見区今津中3-6-23
ウミタ食糧店　大阪市中央区十二軒町3-32
(有)上六米穀　大阪市中央区東平1-4-1
トーベイ(株)　大阪市生野区桃谷5-4-26
(有)コスモ　大阪市東住吉区湯里6-2-17
桑津米穀店　大阪市東住吉区桑津1-22-16
西川米穀店　大阪市平野区長吉川辺2-6-3
種村米穀店　大阪市平野区平野上町1-16-13
(株)築港米穀店　大阪市港区築港3-8-1
(株)米の脇坂　大阪市福島区吉野1-11-18
杉原米穀店　大阪市此花区春日出北1-3-8
楠本米穀店　大阪市西淀川区姫島4-8-8
米蔵人あかい米穀店　大阪市浪速区戎本町1-8-1

(有)いなりちょう相沢米店　台東区東上野3-7-4
高坂米店　台東区台東4-25-6
吉田屋　台東区浅草橋1-22-13
(有)伊勢五　文京区千石3-38-9
堀江米店　文京区向丘2-12-2
(有)小室米店　文京区湯島2-11-7
(有)丸彦　北区十条仲原2-10-14
(有)十条食糧販売髙木米店　北区上十条2-21-11
(有)スーパー小倉屋　北区神谷2-40-9
(有)本橋米店　北区赤羽北3-22-4
山菊米穀店　足立区中川4-26-6
市川米店　足立区島根3-19-21
関根米店　足立区鹿浜7-6-2
(株)隅田屋商店　墨田区東駒形1-6-1
阪本米店　墨田区石原1-5-6
(資)亀太商店　墨田区江東橋5-13-2
(有)源川商店　墨田区押上3-2-5
(有)山久増田米店　江戸川区江戸川3-54-8
(株)須賀米穀店　江戸川区東瑞江2-63-3
ふなくぼ商店　江東区白河3-8-12
(有)清水商店　江東区牡丹2-6-7
(有)内田米店　品川区南品川1-9-8
(有)こくぼ　品川区小山3-6-15パークホームズ武蔵小山106
(資)山六商店　大田区大森西6-14-16
(有)鈴木食糧　大田区大森北3-27-12
(有)小池精米店　渋谷区神宮前6-14-17
(株)スズノブ　目黒区中根2-1-15
(有)平野屋米店　目黒区上目黒4-8-12
(有)下馬鈴木屋精米店　世田谷区下馬5-14-18
(有)新町三田精米店　世田谷区新町2-2-17
木村精米店　世田谷区用賀4-29-1
(有)渋谷商店　新宿区早稲田鶴巻町546-15
(有)中屋米店　中野区中野3-27-19
(株)中野屋米店　中野区本町4-48-10
(有)多田米店　中野区南台3-2-13
(有)丸徳伊藤精米店　中野区沼袋4-26-14
大提燈米穀店　杉並区阿佐谷北1-3-6
(有)今川米店　杉並区今川2-23-11
(有)アール・セレクション　豊島区巣鴨3-2-2
片岡米穀店　豊島区目白5-5-1
(有)カワムラ　板橋区高島平1-21-9
(有)米のたむら　板橋区赤塚5-1-3
小泉商事(有)　練馬区貫井2-6-9
(有)富沢精米店　練馬区石神井町2-8-22
(株)山田屋本店　調布市布田2-1-1
(有)白井米店　調布市富士見町3-3-45
(有)てんち　府中市宮町1-34-14デュオ府中101
(有)鈴木栄太郎商店　国分寺市東恋ケ窪6-8-11
すぎもと米店　国分寺市東元町1-19-15
(有)丸中商店　東村山市恩多町3-29-1イーストビレッジA棟
(株)ともえや　八王子市大和田町4-27-4
重南米穀店　町田市原町田6-14-7
(有)安藤商店　昭島市朝日町3-6-1
(有)櫻井米穀店　西東京市保谷町3-11-16
岡野米店　東久留米市神宝町2-14-23

●神奈川県

(有)関屋精米店　川崎市高津区久本2-13-18
森精米店　川崎市高津区千年663
(株)ヤマイチ　川崎市宮前区犬蔵1-18-15
(株)ミツハシ　横浜市金沢区幸浦2-25
山田屋食糧(有)　横浜市旭区今宿東町1626
(有)毛利米店　厚木市下荻野438
(有)藤沢米穀　神奈川県海老名市杉久保南4-18-1
(株)神原米店　藤沢市辻堂東海岸2-2-2
ライスショップきくや　相模原市緑区東橋本4-1-19
河本精米店　相模原市中央区渕野辺4-14-21
(有)鈴木米店　相模原市中央区富士見5-1-13
(有)鶴ヶ丘米店　相模原市南区南台6-19-12
(同)中丸屋商店　茅ヶ崎市新栄町5-3
(有)戸塚正商店　中郡大磯町西小磯17
お米の里すぎやま　足柄下郡湯河原町宮上83
(有)熊沢米店　伊勢原市伊勢原2-4-17

●新潟県

(有)大黒屋商店　妙高市白山町2-4-8
(有)島田商店　長岡市東新町2-3-28
(株)杉本商店　長岡市四郎丸2-5-27
(株)遠藤米穀　長岡市船江町3-3
(株)野上米穀　長岡市千手2丁目10-20
(株)田中米穀　長岡市新組町2250
(株)お米のたかさか　長岡市新産2-10-1
吉川米穀　上越市稲田2-4-10
十一屋　柏崎市四谷2-4-44
(株)大倉　長岡市来迎寺甲2605
楽市(株)　南魚沼郡湯沢町大字神立1003
(株)片山商店　新潟市江南区袋津1-4-35
(有)星山米店　長岡市北区下大谷内378-57
(株)保苅米穀　新潟市西堀前通4-729-1
(有)おかじま岡島米店　新潟市西蒲区巻甲4128-7
(株)新潟農商　新潟市秋葉区川口乙580-17
(株)三糧　新発田市城北町3-3-13
(有)内山商店　新潟県新発田市大栄町7-3-5
(資)肴町主食　村上市肴町5-1
(株)百萬粒　西蒲原郡弥彦村村山字蒲田747

●富山県

(有)北海道屋　高岡市横田町2-5-9
大門食糧(有)　射水市大門49

●石川県

倉山米穀(株)　白山市安田町57番地

●福井県

(株)ピロール健康タチヤ　福井市足羽4-1-4

●山梨県

古守米店　甲府市住吉1-16-17
三枝米穀店　富士吉田市上吉田3-13-24
赤池米穀店　山梨市万力1179

全国のすごいお米屋さん！　5つ星お米マイスター店リスト

●北海道
(株)松原米穀　札幌市東区東雁来十一条3-2-1
(名)大一名久井商店　函館市松陰町28-23
(有)ヤマコしらかわ　室蘭市築地町147-10
(株)かね又村山商店　札幌市中央区北2条東2丁目1番地
(株)金久井上光則商店　札幌市東区北十条東1-1-5
(株)千野米穀店北32条店　札幌市東区北三十二条東7-3-24
(有)前野商店　岩見沢市一条西5-8
(株)松永園　岩見沢市栗沢町自協197
松本米穀店　旭川市七条通18丁目右10号
長勢米穀店　旭川市豊岡四条5-10-9
峰延農業協同組合　美唄市字峰延37
(株)川崎米穀　帯広市緑ヶ丘1条通4-5
(有)原田米穀　帯広市西二十条南5丁目1-3
(株)こめしん　釧路市新川町5-11
●青森県
(株)KAWACHO　RICE　三沢市春日台4-154-264
(有)タクミライス　八戸市卸センター1-11-25
●岩手県
佐々木米穀店　盛岡市上田2-17-6
(有)諏訪商店　岩手郡雫石町上町北82-1
(有)松勘商店　一関市赤荻字雲南172-2
PaPasShop こめや　一関市宮坂町8-10
(有)長崎商店　奥州市水沢区勝手町14-1
(有)河判　遠野市上組町3-5
●宮城県
(株)高清水食糧　栗原市高清水松の木沢田24
●秋田県
(名)平沢商店　秋田市大町5-7-18
(有)藤倉商店　横手市大町5-16
●山形県
和合米穀店　山形市十日町2-5-31
髙橋米穀店　山形市八日町2-5-5
尾形米穀店　山形市宮町4-24-3
矢萩商店　東根市蟹沢1511-6
(株)ライズ・イン　鶴岡市箕升新田字西新田12
●福島県
石森屋米穀店　郡山市富久山町久保田大久保75
(有)あいづ松川　会津若松市神指町高久242-1
(株)石井商店　会津若松市日新町16-27
(株)相馬屋　いわき市小名浜大原字東田33-1
●茨城県
(株)伊藤米穀　結城郡八千代町菅谷1182-5
農業生産法人(株)筑波農場　つくば市小田2830
(株)石崎商店　東茨城郡茨城町鳥羽田1675-19
(資)米匠ふる市　ひたちなか市元町8-9
麻屋米穀　日立市久慈町4-11-20
近藤米穀店　日立市久慈町4-14-24
澤信米穀店　日立市久慈町3-23-24
●栃木県
(株)平石屋吉田商店　宇都宮市平松本町772-3
(株)お米ひろばさとう　宇都宮市峰3-6-36
宇都宮食販(株)　宇都宮市東峰町3057
(株)渡辺和哉商店　日光市今市1369
広沢米穀(株)　真岡市台町4151
佐野食販(有)　佐野市金屋下町2464
●群馬県
(有)丸山商店　高崎市下室田町1133-1
遠田商店　吾妻郡中之条町伊勢町839
(有)林屋本店　沼田市西原新町甲88
(有)千明千三郎商店　利根郡片品村須賀川243
●埼玉県
(有)藤野商店　さいたま市浦和区常盤5-3-7
(有)シマムラ　さいたま市北区宮原町1-38
(株)せきもと　川口市川口1-1-3-103
(株)ナオイ　蕨市北町3-8-28
篠田商店　さいたま市南区辻2-1-5
(株)不二倉　大宮支店　さいたま市見沼区丸ケ崎宮ノ下
1385ロジャーズ大宮店3階
(有)但木米店　久喜市中妻157
浅見米店　越谷市蒲生南町7-1
(株)金子商店　川越市宮下町1-12-7
ライスセンター金子　川越市新宿町2-11-7
(有)斉藤商店　川越市下新河岸44-1
山﨑ライスセンター　狭山市富士見1-26-5
(有)古谷商店　狭山市笹井1848
(有)加藤米穀店　和光市新倉2-29-23
(有)岩澤商店　比企郡嵐山町菅谷19-1
(有)浅見米穀店　入間市春日町1-1-3
(株)坂宗　入間市寺竹760
新伊米店　入間市野田90-5
(株)ソメノ　行田市中央10-7
深谷米穀企業組合　深谷市上柴町東3-11-12
●千葉県
福田米店　千葉市稲毛区轟町1-10-4
(有)萬平商店　千葉市稲毛区稲毛2-3-11
(株)シブヤ米処結米屋　松戸市小金原4-36-5
(有)まきの　船橋市本中山3-1-5
(有)小石プロパン　船橋市駿河台1-33-1
後藤米店　柏市柏3-6-9
(有)髙橋商店米・地酒の蔵たかはし　浦安市当代島2-7-36
(有)アサダ　浦安市猫実3-2-10
(有)井上商店　富津市富津1763
(有)竹ノ内米店　鴨川市池田327-5
鍋屋商店　大網白里市大網650
●東京都
米マイスター麹町(有)　千代田区麹町2-6-10
(株)三谷栄亮商店　中央区日本橋浜町1-4-3
(株)はくばく和穀の会米穀事業本部
中央区日本橋箱崎町30-1タマビル日本橋箱崎6階
京橋食糧販売(株)　中央区新川1-10-13
(有)手島精米センター　中央区月島3-7-8
銀座食糧販売(株)　中央区銀座8-11-1
(有)小峰米店　港区白金台5-3-2

たにりり

おむすびインストラクター。日本炊飯協会認定ごはんソムリエ、料理家。食の検定１級。

フードスタジオ「キッチンひめ」主宰。慶應義塾大学卒業。

有機野菜宅配のパイオニア「大地を守る会」にて約20年間レシピを開発。現在はおむすびワークショップを企画運営する他、米穀店・生産者・行政などの支援活動、米と食についての執筆活動を行っている。一般消費者向けの基本を押さえたわかりやすい切り口が好評。

ツキシロクミ

イラストレーター。東京造形大学卒業。テレビ、出版、広告など様々な媒体で活動中。シンプルでユーモラスなタッチが特徴。

最近の制作実績として、「猫がいない人生なんて！〜No Cat No Life!〜」(BSテレ東)、「PHPスペシャル」(PHP研究所)、「ねこのきもち」(ベネッセコーポレーション）のイラストを担当。

大人のおむすび学習帳

2019年9月14日　初版発行

著者　たにりり・ツキシロクミ
発行　株式会社　キクロス出版
〒112-0012　東京都文京区大塚6-37-17-401
TEL. 03-3945-4148　FAX. 03-3945-4149
発売　株式会社　星雲社
〒112-0005 東京都文京区水道1-3-30
TEL. 03-3868-3275　FAX. 03-3868-6588
印刷・製本　株式会社　厚徳社
プロデューサー　山口晴之
写真　たにりり　/　デザイン　ツキシロクミ

ISBN978-4-434-26477-1 C0077